www.ingramcontent.com/pod-product-compliance
Ingram Content Group UK Ltd.
Pitfield, Milton Keynes, MK11 3LW, UK
UKHW021651190726
13853UKWH00001B/197

9 786035 091572

فنّ التفوّق والنجاح

د. أحمد البراء الأميري

ⓒ شركة العبيكان للتعليم، ١٤٣٩هـ

فهرسة مكتبة الملك فهد الوطنية أثناء النشر
الأميري، أحمد البراء
فن التفوق والنجاح./ أحمد البراء
الأميري.-ط٥- الرياض، ١٤٣٩هـ
١٠٨ص؛ ١٤×٢١سم.
ردمك: ٢-١٥٧-٥٠٩-٦٠٣-٩٧٨
١- النجاح أ. العنوان
ديوي: ١٥٨,١ ١٤٣٩/٢١٨٣

obeikanpub obeikan.reader

للحصول على كتبنا الصوتية

الطبعة الخامسة
١٤٣٩هـ/٢٠١٨م

للحصول على كتبنا الإلكترونية

Google Play

أجهزة
amazon kindle

نشر وتوزيع العبيكان Obeikan
المملكة العربية السعودية - الرياض
طريق الملك فهد - مقابل برج المملكة
هاتف: ٤٨٠٨٦٥٤ ١١ ٩٦٦+، فاكس: ٤٨٠٨٠٩٥ ١١ ٩٦٦+
ص.ب: ٦٧٦٢٢ الرياض ١١٥١٧
www.obeikanretail.com

بسم الله الرحمن الرحيم

مقدمة

الحمد لله، والصلاة والسلام على سيدنا رسول الله، وعلى آله وصحبه ومن اهتدى بهداه.

أذكر أنّ بداية تفتّحي للحياة، وتطلّعي إلى تحقيق آمال كبيرة، ووعيي النسبي بذاتي وبما حولي، كان عام (١٩٦٠م) عندما كنت طالباً في الصف الأول الثانوي. في ذلك الحين بدأتُ أفكر بالسعادة، وكيفيةِ تحصيلها، وكيفية النجاح في الحياة، وكيف أصبح محبوباً من الناس؛ أنال إعجابهم وتقديرهم. ومن فضل الله عليّ أنْ وقع في يدي في تلك السنة كتابان للمؤلف الأمريكي الشهير «ديل كارنيجي» هما «كيف تكسب الأصدقاء وتؤثر في الناس» و«دعِ القلق وابدأِ الحياة».

أعجبني الكتاب الأول جداً، وأحسست أنني وجدت فيه ضالتي، أما الثاني فلم يَرُقْ لي في ذلك الحين؛ لأنني ما كنت أعرف القلق الذي يتحدث عنه المؤلف، بل كان الأمل والطموح هما المسيطرين على تفكيري وأحاسيسي. وإن كنت بعد سنوات طويلة قد أعطيت للكتاب الثاني ما يستحقه من الاهتمام!

منذ ذلك الحين وهذا الموضوع يشغلني: أفكر فيه وأتحدث عنه، وأقرأ ما يقع تحت يدي حوله. إلى أن يسّر الله لي - كرة أخرى - الاطلاع على ستة أشرطة سمعية بعنوان (علم نفس الإنجاز) لمؤلفها الأمريكي (برايان تريسي). ولما استمعت إليها حازت على إعجابي، وكانت إضافة نوعية لثقافتي في هذا المجال؛ فأعدتُ الاستماع إليها كرات على فترات، وجعلتها محور كثير من أحاديثي مع زملائي وأصدقائي وطلابي في جامعة الملك سعود بالرياض، وبعثتُ بها لصديقي الدكتور عبداللطيف الخياط، فكان أثرها في نفسه كأثرها في نفسي؛ حتى إنه ترجمها بتصرف، وأصدرها في كتيب بعنوان: (علم نفس النجاح). وعزمت على أن أُعِدَّ في الموضوع كتيّباً يحمل العنوان نفسه، يستقي جزءاً من هذا الكتيب ولا يقتصر عليه، وأنوّره بما يصل اطلاعي إليه من القرآن الكريم، والسنة المطهرة، وتراث اللغة العربية المجيدة.

وها أنذا أحقق - بفضل الله - ذلك الأمل، عارفاً أن ما أقدمه هو جهد المُقِلّ، قُصارى عملي فيه - في أحسن الأحوال - حسن الاختيار وحسن التقديم.

وأود أن أنوه أن هذا الكتاب سبق أن طبعته دار المعرفة للاستشارات التربوية تحت عنوان: **دروس نفسية للنجاح والتفوق** عام ١٤١٩هـ، وتمتاز هذه الطبعة ببعض الزيادات والتعديلات المهمة التي خلت منها الطبعة الأولى.

أسأل المولى - جلَّ كرمه - أن يتقبل هذا العمل خالصاً لوجهه الكريم، وأن ينفعني به في ديني ودنياي، وينفع به إخواني وأخواتي المسلمين إنه أكرم مسؤول، وأرجى مأمول.

د. أحمد البراء الأميري

من علامات النجاح في الحياة

سنتحدث عن بعض علامات النجاح في الحياة؛ لأن تحديدها بوضوح يساعدنا في محاولة السعي لتحصيلها بتوفيق الله.

يقول برايان تريسي: «إن خمسة في المائة فقط من الناس ناجحون في حياتهم، لكن هناك إمكانات مؤكدة ووسائل تيسّر سبل النجاح لمن يريد، في نواح ربما لا تخطر على باله في الوهلة الأولى: كالنواحي المالية، والاجتماعية، والأسرية، والعلمية، وما إلى ذلك. بل يستطيع المرء أن ينجح في تغيير عاداته، وتأثيره على الناس».

أقول: وهذا ما وضّحته الآية الكريمة **﴿إِنَّ اللَّهَ لا يُغَيِّرُ مَا بِقَوْمٍ حَتَّىٰ يُغَيِّرُوا مَا بِأَنفُسِهِمْ﴾**(١) فالتغيير في الأنفس أمر مقدور عليه، ونتيجة له يغير الله سبحانه وتعالى ما بهم إلى الأحسن أو الأسوأ بحسب ذلك التغيير.

---

(١) الرعد: ١١ .

ومن علامات النجاح في الحياة:

١ - **الشعور بالسكينة والطمأنينة وهدوء البال**، صحيح أن الحياة لا تمرّ دون كُدُورات وابتلاءات، لكن النفس المطمئنة، والقلب المتصل بالله، لا يلبثان أن يعودا إلى التسليم، فيذوقان من حلاوته ما يغطّي مرارة سواه. وأمثل سبيل لتحقيق هذه السكينة وهذا الاطمئنان الذكر الحقيقي لله تبارك وتعالى بالقلب واللسان: ﴿**أَلَا بِذِكْرِ اللَّهِ تَطْمَئِنُّ الْقُلُوبُ**﴾(١).

٢ - **التمتع بقدر جيد من الطاقة والحيوية والنشاط**، والبعدُ عن الكسل والخمول. ومن أهمّ وسائل تحقيق ذلك:

أ) تناول الغذاء الصحي.

ب) ممارسة الرياضة بشكل جيد.

جـ) إجراء فحص طبي دوري.

ولو لم يكن الكسل من أكبر عوائق النجاح لما علَّمَنا الرسول ﷺ الاستعاذة منه بقوله: «**اللهم إني أعوذ بك من الهم والحَزَن، وأعوذ بك من العجز والكسل...**»(٢).

---

(١) الرعد: ٢٨ . وسيأتي شيء من الحديث عن الذكر عند حديثنا عن تغيير العادات السلبية إلى إيجابية.

(٢) رواه أبو داود.

٣ - **بناء علاقات مع الناس**، والرسول عليه الصلاة والسلام يقول ما معناه: «**المسلم آلِفٌ مألوف، ولا خير فيمن لا يَأْلف ولا يُؤلف**»[١].

٤ - **الاكتفاء المادي وعدم الاحتياج**؛ لأن الحاجة المالية من أكبر أسباب الهموم، والديون تكدّر على المرء صفاءه وهناءته، وقد استعاذ النبي عليه الصلاة والسلام من «الكفر والفقر، ومن غلبة الدين». وهذا - طبعاً - لا يفهم منه التشجيعُ على الاستكثار من الدنيا، وجعلِها أكبرَ همّ الإنسان.

٥ - **وجود أهدافٍ ذاتِ قيمة في حياة الإنسان**؛ فالذي له هدف يسعى إلى تحقيقه، ويعرف سبيل ذلك، كقائد السفينة الذي يعرف أين يقصد، والبوصلةُ تحدد له مسارَه. فمآله أن يصل إلى غايته. أما الذي لا هدف له، فهو كقائد سفينة لا يعرف أين يريد، فهو هائمٌ على وجهه في البحر تتقاذفه الأمواج[٢].

٦- **الشعور بتحقيق الذات، وبإنجاز ما هو مطلوب إنجازه.**

فالذي لا يؤدي واجباته، وتتراكم عليه أعباؤه ومسؤولياته،

---

(١) رواه أحمد، ولأهمية هذا الموضوع، فقد خُصص الفصل الأخير للحديث عنه.

(٢) سيأتي حديث مفصل عن تحديد الأهداف وكيفية الوصول إليها.

كيف تطمئن نفسه وتهدأ مشاعره؟ وبالمقابل فإن النجاح قد يقود إلى النجاح، والإنجاز يبعث في النفس السعادة والارتياح.

إن القلة القليلة من الناس عندها أهدافٌ عالية، وتستطيع أن تحقق أهدافها، أما الغالبية العظمى فتشتكي من الإحباط، والزمن، والظروف القاهرة التي لا تمكّنها من الوصول إلى ما تريد، وتُكثر من التحسّر: لو كانت أعبائي أقل، لو ازداد دخلي، لو كان لي كذا وكذا، لفعلت كذا وكذا، والنتيجة لا شيء! وصدق من قال:

إن المخفقين ماهرون في اختراع الأعذار والمسوّغات، أما الناجحون فماهرون في اختراع الحلول والبدائل.

ولعل من أهم أسباب هذه الحالة من العطالة الجزئية وعدم الإنجاز: أن الإنسان يدخل غمار الحياة دون إرشادات عملية تناسب عُمُرَه، وزمانَه، ومكانَه، وعقليّته، وبيئته الاجتماعية، فيكون مثل جهاز متطوّر معقّد ليس معه كتيّب الإرشادات والتعليمات لتشغيله، وتمضي الحياة، والمرء لا يعرف حقيقة طاقاته الكامنة فيه، ولا يعرف ماذا يريد، أو كيف يصل إلى ما يريد.

قد يقول قائل: كيف تقول هذا وأنت مسلم، والقرآن والسنة بين أيدنا؟! أقول: لا شك أن القرآن والسنة مصدر لا يقدر بثمن، فيه توجيه نحو النجاح في الدنيا والآخرة معاً، لكنهما يحتاجان إلى تدبر وفهم وتطبيق. والقرآن يوجّه المسلم إلى السير في الأرض واكتشاف سنن الآفاق والأنفس، فإذا أعرض عن هذا التوجيه قلَّ انتفاعه بآيات الكتاب المجيد(١).

(١) يقول سبحانه: ﴿سَنُرِيهِمْ آيَاتِنَا فِي الآفَاقِ وَفِي أَنفُسِهِمْ حَتَّىٰ يَتَبَيَّنَ لَهُمْ أَنَّهُ الْحَقُّ﴾ (فصلت: ٥٣).
عندنا - إذن - ثلاثة أنواع من الآيات: آيات الآفاق، وآيات الأنفس، وآيات القرآن. وآيات الآفاق والأنفس هي المعجزات الإلهة في الخلق، والعلامات التي تدل على وجوده سبحانه.. إلخ، والله يريها للخلق كافة حتى يتبين لهم أن هذا الدين، وهذا القرآن حقّ.

من قوانين النفس

استخلص بعض علماء النفس المختصّين بالكشف عن المواهب الفرديّة وتنميتها، وتعريفِ الفردِ على الطاقات الكامنة فيه وكيفية استغلالها، استخلصوا قوانين نفسيةً - إن صحّت التسمية[1] - يمكن للمرء إذا ما طبقها أن يحقق ما يطمح إليه بتوفيق الله. ومن هذه القوانين:

١ - قانون الضبط والتحكم:

يقول تريسي: «إن مقدار الضبط والتوجيه الذي نملكه يحدّد مقدار صحتنا النفسية، وشعورنا بعدم الاضطراب. المطلوبُ منا أنْ نشعر أنّ المِقود بيدنا لا بيد غيرنا. أكثرُ الناس لا يأخذون بالأسباب وينتظرون أن يحدث لهم ما يشتهون». هذا بعض كلامه بشيء من التصرف. والمراد: أن تشعر أنك مسؤول عن تصرفاتك، وتملك حرية الاختيار في القضايا التي تخضع عادة لسيطرة الإنسان، لا في الأمور التي هي خارجة عن طاقته، وفي الحديث الشريف الذي رواه

---

(١) في هذه التسمية شيء من التساهل؛ لأن هذه (القوانين) ليست منضبطة دقيقة كقوانين العلوم أو الرياضيات.

البخاري ومسلم عن أبي هريرة رضي الله عنه مثال عن المراد من هذه النقطة؛ فهو عليه الصلاة والسلام يقول: «**ليس الشديد بالصُّرَعة، إنما الشديد الذي يملك نفسه عند الغضب**»، أي: ليس القوي حقّاً هو الذي يصارع الرجال ويغلبهم، إنما هو الذي يسيطر على أعصابه ويتصرف بشكل سليم عندما يغضب!! أي أنه: يضبط نفسه ويتحكم في أعصابه، وهذا مثال واحد على قانون الضبط والتحكم.

إن من أهم الأسباب المؤدية إلى تخلّف المسلمين - في نظري - مَنْطِقُ الجبر الذي يحاكمون به الأشياء؛ فهم يتركون العمل اعتماداً على فهم خاطئ للقضاء والقدر، والصوابُ أن يعملوا جهدهم، ويبذلوا ما في وسعهم، ثم يتركوا الأمر لله سبحانه.

والقرآن الكريم حافل بما يدل على هذا المعنى من مثل قوله تعالى: ﴿**فَأَمَّا مَنْ أَعْطَىٰ وَاتَّقَىٰ ۝٥ وَصَدَّقَ بِالْحُسْنَىٰ ۝٦ فَسَنُيَسِّرُهُ لِلْيُسْرَىٰ ۝٧ وَأَمَّا مَنْ بَخِلَ وَاسْتَغْنَىٰ ۝٨ وَكَذَّبَ بِالْحُسْنَىٰ ۝٩ فَسَنُيَسِّرُهُ لِلْعُسْرَىٰ**﴾[١] فالتيسير لليسرى نتيجةٌ سببها: العطاء والتقوى والتصديق، والتيسير للعسرى نتيجة سببها: البخل والاستغناء والتكذيب.

---

(١) الليل: ٥-١٠ .

وكذلك السنة حافلة بما يؤكد هذا المعنى، فقد ورد أن رجلاً سأل النبي عليه الصلاة والسلام: هل يعقل ناقته (أي يربطها) ويتوكل، أم يطلقها ويتوكل؟ فأجابه: «**اعقلها وتوكل**»[١] لأن عقلها لا ينافي التوكل.

إن الذين يريدون النجاح عليهم أن يفهموا قانون السببيّة فهماً عميقاً ويطبقوه في حياتهم اليومية. كل ما يحدث في الكون له سبب يؤدي إلى حدوثه، بعض هذه الأسباب في مقدور الإنسان أن يتدخل فيها أو يؤثر، وهي محل بحثنا، وبعضها خارج عن دائرة قدرته، وإن كان من اهتمامه، وهذه لا شأن لنا فيها.

وهذا ما قصه علينا القرآن الكريم في حديثه عن ذي القرنين إذ قال: ﴿**إِنَّا مَكَّنَّا لَهُ فِي الأَرْضِ وَآتَيْنَاهُ مِن كُلِّ شَيْءٍ سَبَبًا ﴿٨٤﴾ فَأَتْبَعَ سَبَبًا**﴾، وفي قراءة: ﴿**فأتّبَعَ سببًا**﴾. أي أن الله تعالى هيأ له الأسباب التي توصله إلى مقاصده من العلم والقدرة، والأدوات، فلم يقعد عن الأخذ بها، بل اتّبعها وحقق بفضل الله ما حقق.

إن الناس جميعاً متفقون على أن: مَنْ جَدَّ وَجَدَ، ومن زرع حصد. قد يدرس الطالب ويذاكر ثم يرسب، وقد يزرع الفلاح

(١) الترمذي: قيامة ٦٠ .

ثم يهلك زرعه. نعم، في هذا الحالة لا يُلام أحد منهما؛ لأنهما لم يقصّرا، بل أخذا بالأسباب فلم تؤدِّ إلى نتائجها لأمر يريده الله، وهنا يأتي مقام الرضا بالقضاء والقدر.

حياتنا من صنع أفكارنا:

يقول أكثر علماء النفس: إن أفكارنا الحالية هي نتيجة لكلّ ما مرّ بنا في الماضي ووعيناه، وهذه الأفكار هي التي تسهم إسهاماً كبيراً في صنع حاضرنا ومستقبلنا. ***إن حياتنا من صنع أفكارنا، فإذا غيّرنا أفكارنا فسوف تتغير - بإذن الله - ظروفُ حياتنا***. وهذا ما عبّر عنه علماؤنا الأقدمون بقولهم: «السّلوك فرعٌ عن التصور»، أي أنَّ تصرُّفَ المرءِ وسلوكَه هما نتيجةٌ للأفكار والتصورات التي في ذهنه.

يقول ديل كارينجي[١]: «إن للأفكار المسيطرة على المرء تأثيراً في تكييف حياته، وإن المشكلة الكبرى التي تواجهنا هي كيف نختار الأفكار الصائبة السديدة، فإذا حللنا هذه المشكلة حُلّت أغلب مشكلاتنا. وهذا ما دعا أحدَ الكتاب إلى القول: أنتَ لستَ من تظنّ، لكنك ما يفكر»، وبعبارة أخرى: قل لي: ماذا تفكر، أقل لك: من أنت.

(١) انظر كتابه: دع القلق وابدأ الحياة - الفصل ١٢ بعنوان: حياتك من صنع أفكارك.

ويمضي كارنيجي قائلاً: «إن لاتجاهنا الذهني تأثيراً عجيباً علينا، حتى في قوتنا، وقد أوضح العالم النفساني (هارد فيلد) هذه الحقيقة في كتابه القيّم (سيكولوجية القوة) فقال: أجريتُ على ثلاثة رجال تجربة لاختبار الاتجاه الذهني (أو الموقف العقلي) في قواهم التي كنت أقيسها بواسطة (دينامو متر)، جعلتهم يقبضون عليه بكلتا اليدين وبكل قوتهم وقد قسم هارد فيلد تجربته إلى ثلاث مراحل: ففي المرحلة الأولى اختبر قوة الرجال الثلاثة وهم في كامل وعيهم، فكان معدل قوتهم ١٠١ رطل. ثم نومهم تنويماً مغناطيسياً وأوحى إليهم أنهم غاية في الضعف والوهن، فكان معدل قوتهم ٢٩ رطلاً، أي أقل من ثلث قوتهم العادية، وكان أحد هؤلاء الثلاثة رياضياً معروفاً، فلما قيل له وهو تحت تأثير التنويم المغناطيسي: إنه ضعيف، عقّب على ذلك بقوله: إنه يشعر كأن ذراعه نحيلة واهنة كذراع الطفل الوليد. وفي المرحلة الثالثة، أوحى إليهم - وهم لا يزالون تحت تأثير التنويم - أنهم في غاية القوة فارتفع معدل قوتهم إلى ١٤٢ رطلاً! أي أنهم عندما امتلأت أذهانهم بفكرة القوة ازدادت قوتهم فعلاً. هذا هو التأثير العجيب للاتجاه الذهني!

«قال وليم جيمس، عالم النفس الشهير الذي لم يُدانِهِ في وقته أحد من العلماء في مضمار علم النفس العملي: الذي يبدو لنا جميعاً أن الفعل يأتي بعد الإحساس، ولكن الواقع أن الفعل والإحساس يسيران جنباً إلى جنب، فإذا سيطرنا على الفعل الذي يخضع مباشرة لإرادتنا، أمكننا بطريق غير مباشر أن نسيطر على أحاسيسنا.

«وبعبارة أخرى: ليس في استطاعتنا أن نغير من إحساسنا بمحض إرادتنا، ولكن في استطاعتنا أن نغير أفعالنا، فإذا غيرنا أفعالنا تغير إحساسنا تلقائياً. ومن ثَمَّ فإن الطريق المؤدي إلى السعادة - إذا افتقدتَ السعادة - هي أن تبدوَ كما لو كنتَ سعيداً».

٢ - قانون التوقع:

القانون الثاني من القوانين النفسية هو قانون التوقع. يقول هذا القانون: «إن توقع الشيء يؤدي إلى حدوثه» فإذا توقع المرء توقعاً قوياً أنه سيكون ناجحاً فإن هذا التوقع يسهم إسهاماً كبيراً في نجاحه. فهو يُحدِّث نفسَه بهذا النجاح، ويفكّر فيه دائماً، ويحدّث خُلَصاءه عنه مما يجعل فكرة النجاح تتمكّن في نفسه وتوجّه سلوكه.

وكذلك توقع الإخفاق يوجه سلوك أصحابه نحوه. ولا فرق بين أن يكون التوقع مبنياً على أسسٍ صحيحة أو خاطئة في الأصل.

وللبرهنة على هذا يعطي تريسي مثالاً. يقول: قال مدير إحدى المدارس لثلاثةٍ من مدرّسيه: بما أنكم أفضل ثلاثة مدرسين عندي فقد اخترتُ لكل واحد منكم ثلاثين طالباً من أنبه وأذكى طلاب المدرسة لتدرّسوهم في صفوفٍ خاصة، ولكن لا تخبِروا الطلاب ولا أهاليهم بهذا، وأبقوا الأمر سراً حتى لا تفسدَ التجربة. درِّسوهم بشكل عادي، واستخدموا معهم المنهج العادي نفسه، ولكننا نتوقع أن تكون نتائجهم جيدة. وفعلاً كانت النتائج رائعة. وقال المدرسون: إنهم وجدوا الطلاب يتجاوبون ويفهمون بشكل لم يعتادوا عليه.

وأخبر المدير المدرسين بأن الموضوع لم يكن إلا تجربة، وأن الطلاب عاديون جرى اختيار أسمائهم عشوائياً. فقال المدرسون: إذن السبب فينا نحن لأننا أفضل ثلاثة مدرسين عندك!

هنا قال المدير: يؤسفني أن أعلمكم أن أسماءكم أنتم أيضاً قد اختيرت بالقرعة! فاندهش المعلمون الثلاثة. وبهذا

يستدل تريسي على أن التوقعات هي التي صَنَعَتِ النتيجة، ولو كانت المعلومات في الأصل خاطئة.

إن ما يتوقعه الآباء والأمهات من أولادهم له أكبر الأثر في توجيه سلوكهم. إن ما يتوقعه منا الآخرون يتحكم فيما نعمله بشرط أن يكون توقعهم قوياً واضحاً. إذا توقعوا التفوق والتألق فسوف يكون ذلك بإذن الله، وإذا توقعوا التخلف والإخفاق فسوف يكون ذلك أيضاً، فليتنبّه لهذا الأمر المهم الآباءُ والأمهات والمعلمون. ومع ذلك فأهمّ شخص في تحقيق توقعات المرء هو المرء نفسه.

٣ - قانون الجاذبية:

القانون الثالث من القوانين النفسية - وله صلة بالقانون الثاني - هو قانون الجاذبية.

يقول هذاالقانون: «الإنسان كالمِغناطيس، يجذب إليه الأشخاصَ الذين ينسجمون مع طريقة تفكيره. فإذا أراد أن يغير ظروفه، فليُغيِّر طريقةَ تفكيره».

فالمتفائل يجذب إليه الأشخاص الذين يعينونه على تحقيق ما يصبو إليه، والمتشائم عكسه. إن فكرة المرء عن نفسه تتحقق غالباً ، إذا سلك صاحبُها السبيل إلى تحقيقها.

لقد ثبت أن (٩٤٪) من الناجحين في مجال الأعمال لم يكونوا متفوقين في التحصيل الدراسي، لكن موقفهم من أنفسهم، وفكرتهم عن ذواتهم كانت إيجابية. وهذا لا يعني أن إهمال الدراسة مطلوب، أو أن الإخفاق في المدرسة من عوامل النجاح. كل الذي يعنيه أن الموقف من الذات، أو الثقة بالنفس أهم من التفوق المدرسي لمن يريد النجاح في حياته العملية.

يقول تريسي: «إذا أردتُ أن أرفع مقدار ما أتوقعه من نفسي فعليّ أن أغيّر مفهومي عن ذاتي، أي فكرتي عن نفسي».

والتصور عن النفس هو تصور عام مكوّن من صور تفصيلية كثيرة: تصور عن الذات بوصفها أباً أو أخاً أو زوجاً أو صديقاً أو متحدثاً في المجالس أو صاحبَ ذوقٍ في المأكل والملبس... إلخ. ومجموع هذه الصورة يشكل صورة الذات العامة.

ولصورة الذات أنواع عدة، لعل من أهمها:

أ - **الذات المثالية:** وهي مجموعة المفاهيم والتصورات التي ينظر المرء إليها كمَثَلٍ أعلى يُحبّ أن يكونه. وبها يقيس سلوكه ومقدار اقترابه من الهدف الذي يسعى إليه.

ب - **الذات الحالية**: وهي رأي المرء في نفسه في الوقت الحالي. فهو يتصرف بحسب اعتقاده في نفسه؛ فالناجح يتصرف حسبما يمليه عليه شعوره بالنجاح، والمخفق يتصرف وَفْقَ شعوره بالإخفاق. وإذا غيّر الإنسان رأيه في نفسه، أو صورتَها في ذهنه، تغيّر سلوكُه تَبَعاً لذلك بنفس ذلك المقدار.

جـ - **الرضا عن الذات**: الرضا عن الذات هو أهمّ عاملٍ في الأداء والإنتاج، وهو الشعور بالثقة في النفس. وبمقدار ما يرضى المرء عن نفسه يتحسن أداؤه.

هناك رأي خاطئ يقول: إن الرضا عن النفس شيء غير مستحب، وهذا الخطأ نابع من الخلط بين الغرور والتكبر والتعالي من جهة وبين الثقة بالنفس والرضا عنها من جهة أخرى، وهو شعور فطري طيب يُستأنس له بالحديث الشريف «**من سرته حسنتُه، وساءته سيئتهُ، فذلك المؤمن**»[(١)].

إن الرضا عن النفس أمر إيجابي، يساعد على محبة الآخرين وتقبلهم، أما الغرور فهو شعور سلبي من العسير على صاحبه أن يحب الناس؛ لأنه يستعلي عليهم، وربما يحتقرهم.

---

(١) رواه أحمد، والترمذي، والحاكم، انظر: جامع الأصول: ٦ / ٦٦٩ .

يقول تريسي: «لذلك عليك أن تقول لنفسك مرات كثيرة كل يوم: أنا راضٍ عن نفسي. أنا أقبل نفسي. أنا أحب نفسي، فذلك له نتائج مدهشة في حياتك. قُلْ هذا قبل المواقف الصعبة وكرره بضع دقائق وسترى كم تكون فائدته!».

٤ - قانون التركيز:

إن ما نفكر فيه تفكيراً مركزاً في عقلنا الواعي، ينغرس ويندمج في خبرتنا. وكما أن النبات يحتاج إلى الماء والسماد ليزداد انغراساً في الأرض، فإن ما نفكر فيه يحتاج إلى المتابعة ليرسخ في عقلنا الباطن ويصبح جزءاً من سلوكنا.

٥ - قانون التعويض (الإزاحة):

إن العقل الواعي يستطيع أن يحتضن فكرة واحدة فقط في وقت واحد، سواء أكانت هذه الفكرةُ سلبيةً أم إيجابيةً؛ لذلك يجب علينا أن نطرد أي فكرة سلبية تسكن وعينا، ونضع عوضاً عنها فكرة إيجابية. إذا أردنا أن نكوّن مواقف إيجابية في حياتنا، فعلينا أن نفكر باستمرار بالأشياء والأحداث والمواقف الإيجابية ونبتعد عن كل ما هو سلبي.

يقول جيمس آلان: إن العقل كالحديقة، إما أن تنموَ فيها الأزهار الجميلة، وإما الأعشاب الضارة. لكننا ما لم نزرع

- عن قصد واختيار - الأفكار النافعة في عقولنا، فإن الأفكار السلبية الضارة ستنمو فيه، فالحشائش والأعشاب الضارة تنمو في الحديقة وحدها، ولا تحتاج إلى عناية ورعاية لتشبّ وتكبر. وكذلك المخاوف والأفكار الضارة تغزو العقل وتنمو فيه ما لم نقم - عن وعي وعمد - بزراعة الأفكار الإيجابية النافعة بدلاً منها.

إن الفكرة الإيجابية إذا دخلت وعي المرء تطرد الفكرة السلبية التي تقابلها. والعقل لا يقبل الفراغ، إذا لم نملأه بالأفكار التي تفتح أمامنا آفاق التقدم والانطلاق، فسوف يمتلئ بالأفكار المؤذية التي تحول بيننا وبين النمو والتقدم. وإلى هذا تشير الحكمة القائلة: إذا لم تشغل نفسك بما ينفعك شغلتك بما يؤذيك.

والفكرة لا تنفك عن الشعور، فإذا أردنا تحقيقَ فكرة في حياتنا، وجب علينا أن ندفعها بالعاطفة التي تناسبها (من رغبةٍ أو حبٍّ أو انفعال)؛ فالفكرة بلا شعور لا تعمل، والشعور بلا فكرةٍ توجِّهُه يضلُّ ويتيه.

ومما يحسن إيراده في هذا المقام كلام نفيس للإمام ابن القيم [(١)] رحمه الله، يقول:

---

(١) الفوائد: ٢٥٠ .

«وقد خلق الله سبحانه النفس شبيهة بالرّحى الدائرة التي لا تسكن، ولا بدّ لها من شيء تطحنه؛ فإن وضع فيها حَبٌّ طحنته، وإن وضع فيها تراب أو حصى طحنته. فالأفكار والخواطر التي تجول في النفس هي بمنزلة الحبّ الذي يوضع في الرّحى، ولا تبقى تلك الرحى معطلة قط. بل لابد لها من شيء يوضع فيها؛ فمن الناس من تطحن رحاه حباً يَخرجُ دقيقاً ينفع به نفسه وغيره، وأكثرهم يطحن رملاً وحصىً وتبناً ونحو ذلك، فإذا جاء وقت العَجن والخبز تبيّن له حقيقة طحينه».

٦ - قانون التكرار:

إن قدراتنا العملية - كالقدرة على لعب التنس، أو الطباعة على الآلة الكاتبة، أو التزلج على الجليد مثلاً - تبدأ بتعلم المهارة المطلوبة ثم التدرب عليها وتكرارِها حتى تصبحَ عادة.

كذلك الأمر بالنسبة للعادات العقلية، فإذا أردنا إحلال عادة عقلية إيجابية محل أخرى سلبية، فعلينا أن نفكر بها مراتٍ ومرات حتى تصبحَ عادة عندنا.

إن الناجحين لا يفكرون - عندما ينهضون من أسرّتهم في الصباح - أنهم سيكونون إيجابيين. لقد أصبح التفكير

الإيجابي عادة عندهم.. لقد تعودوا على التفاؤل، وعلى توقع الأفضل في كل موقف حياتي يمر بهم. إنهم يفعلون هذا بشكل تلقائي دون أن يفكروا فيه؛ لأنه أصبح عادة عندهم.

إن مستقبلنا يعتمد - بعد الله - على العادات العقلية الصحيحة التي كوناها عن عمد ووعي. وصدق من قال: «كوّنْ لنفسك عاداتٍ صحيحةً ثم أسلمْ لها قيادَك».

٧ - قانون الاسترخاء:

يقول هذا القانون: «إن بذل الجهد في الأعمال العقلية يهزم نفسه، بخلاف الأعمال الحسية الجسمية». فنحن إذا أردنا أن نقطع خشبة (مثلاً) أو ندق مسماراً، فكلما كان الجهد أقوى كان قطع الخشبة أو دخول المسمار أسرع. أما في الأعمال العقلية فما يحصل هو العكس تماماً، وإذا حاولنا تحقيق ما نصبو إليه في أقصر مِنَ الوقت الذي نحتاجه، فسوف نؤذي أنفسنا؛ لأن (مَنْ تعجّل الشيءَ قبل أوانه عوقب بحرمانه). فالمطلوب منا إذن أن نعتقد بهدوء واسترخاء أنّ ما نحاول الوصولَ إليه سيتحقق - بعون الله - إذا صبرنا وانتظرنا.

كيف نتمكن من تغيير العادات السلبية إلى عاداتٍ إيجابية؟

إن كل فرد منا يتغير باستمرار. لا يوجد استقرار كامل في الشخصية الإنسانية. إذا وعَيْنا هذه الحقيقة أمكننا أن نوجّه التغيير إلى ما هو نافع ومفيد.

إن اكتساب عادةٍ (عقليةٍ أو ذهنيةٍ، أو نفسيةٍ) جديدةٍ ليس أمراً صعباً، فهو يتطلب (٢١) يوماً. في هذه الأيام الإحدى والعشرين علينا أن نقوم بأربعة أمور:

١ - نفكرَ،

٢ - ونتحدّث،

٣ - ونتصرفَ وَفْق ما تُمليه علينا العادة الجديدة المطلوبة،

٤ - وأن نتصور ونتخيّل بوضوح تام كيف نريد أن نكون.

فالأمر - إذن - يحتاج إلى تدريب ذهني ورياضة عقلية.

إذا فكرت بنفسك وكأنك صرت بالشكل المطلوب؛ فإن هذا التصور يتحول إلى حقيقة بالتدريج. والواقع أن هذه هي الطريقة التي نكتسب بها العادات الجديدة. وإلى هذا يشير الحديث الشريف القائل: «**إنما العلم بالتعلم والحلم بالتحلّم**»[1]، وقول الحسن رضي الله عنه: إذا لم تكن حليماً

---

(١) انظر: كشف الخفا - العجلوني: ١ / ٢٤٩، حديث رقم ٦٥٢ (ط. دار الرسالة).

فتحلّم، وإذا لم تكن عالماً فتعلّم، فقلّما تشبه رجلٌ بقوم إلا كان منهم.

يقول ابن سينا (المتوفى عام ٤٢٨هـ) رحمه الله:

«والأخلاق كلها: الجميل منها والقبيح، هي مكتسبة، ويمكن للإنسان متى لم يكن له خُلُق حاصل، أن يُحصِّله لنفسه.. وأن ينتقل بإرادته إلى ضد ذلك الخلق»[1].

ويقول الإمام الغزالي (المتوفى عام ٥٠٥هـ) رحمه الله، عند حديثه عن ذكر الله عزّ وجل في كتابه «إحياء علوم الدين». يقول ما معناه: الذكر النافع هو ما كان مع حضور القلب (أي: مع التركيز، وهذا ما عبّرنا عنه آنفاً بقولنا: أن نتصور ونتخيل بوضوح تام كيف نريد أن نكون، فالأمر - إذن - يحتاج إلى تدريب ذهني ورياضة عقلية)؛ فأما الذكر باللسان والقلبُ لاهٍ فهو قليل الجدوى. وفي الحديث الذي رواه الترمذي وحسّنه عن أبي هريرة رضي الله عنه: «**واعلموا أنّ الله لا يقبل الدعاء من قلب لاهٍ**».

وللذكر أول وآخر: فأوّله يُثمرُ الأنسَ بالله، واستشعارَ حبِّه سبحانه وتعالى، وآخرُه يكون ثمرةً للأنس والحبّ،

(١) «علم الأخلاق»، مطبوع ضمن «مجموع الرسائل»: ١٩٨ .

وصادراً عنه. فإن الذاكر قد يكون - في بداية أمره - متكلّفاً بصرف قلبه ولسانه عن الخواطر والوساوس إلى ذكر الله عزّ وجل، فإن وُفِّق للمداومة، أَنِس بربه، وانغرس في قلبه حبُّه، ولا ينبغي أن يُتعَجب من هذا، فإن من أحب شيئاً أكثر من ذكره، ومن أكثر ذكر شيءٍ - وإن كان تكلّفاً - أحبّه. ولا يصدر الأنس إلا من المداومة على المكابدة والتكلف مدةً طويلةً حتى يصيرَ التكلّف طبعاً. وقد يتكلّف الإنسان تناول طعام يستبشعه أولاً، ويكابد أكلَه، ويواظب عليه ، فيصير موافقاً لطبعه حتى لا يصبر عنه؛ فالنفس معتادة مُتحملة لما تتكلّف: هي النفس ما عوّدتَها تتعوّد، أي: ما كلّفتَها أولاً يصير لها طبعاً آخراً.

اكتساب العادات الإيجابية

هناك عدة طرق لتسريع عملية اكتساب العادات الإيجابية، منها:

١ - التوكيدات:

وهي الجمل التي: (أ) ليس فيها أداة نفي،

(ب) ولا استقبال، بل تعبّر عن الحاضر،

(جـ) وتستخدم ضمير المفرد المتكلم.

مثلاً: إذا أراد شخص الإقلاع عن التدخين، فلا يقول: أنا لن أدخن، أو أنا سوف أترك التدخين، أو أنا لا أحب التدخين، ولكن لِيَقُلْ: أنا أكره التدخين، التدخين يتلف صحتي ويدمر مالي. لقد أقلعتُ عن التدخين والحمد لله. وهكذا تدخل الفكرة تدريجياً لتستقر في العقل الباطن وتوجّهَ السلوكَ بعد ذلك. ويمكن تطبيق الطريقةِ نفسِها على أي عادة يريد الفرد اكتسابها، كممارسة الرياضة البدنية، أو إنقاص الوزن بتقليل كمية الطعام، فيقول المرء مثلاً: أنا أمارس الرياضة بشكل جيد. الرياضة تحسن صحتي وتزيد من نشاطي. الرياضة سبب لدفع المرض عني بإذن الله. أو: أنا آكل باعتدال. أنا أكره الإفراط في الطعام. الدهون والحلوى تدمّر صحتي، وهكذا... ويفيد جداً أن نكتب هذه الجُملَ على ورقة عدة مرات صباحاً ومساءً مع الحماسة والاقتناع.

٢ - التخيل (رسم صورة عقلية):

يقول برايان تريسي: هذه أروع قدرة يمتلكها الإنسان. إن أي صورة يرسمها الإنسان في عقله بوضوح يستطيع أن يحققها بتوفيق الله. تصور نفسك قد رُفّعتَ في عملك، أو حققت نجاحاً في علاقتك مع شخص يُهمك، أو في أي مجال تريده. اجلس دقيقتين قبل عمل أي شيء يحتاج إلى مقدرة، وكوّن داخل عقلك صورةً واضحة لما تريد. تصور النتيجة بوضوح وإيجابية وكأنها قد تحققت كما تريد تماماً. فإذا أردت توقيع عقد تجاري فتخيل العقد يوقع فعلاً، وإذا أردت إلقاء خطاب أمام الناس فتخيل الجمهور يصفقون لك بحماس. ارسم في عقلك صورة واضحة قبل شروعك في العمل.

٣ - تمثيل دور الشخصية التي ترغب أن تكونها (التقمّص):

مرّ بنا قبل بضع صفحات قول ديل كارنيجي: إن الطريق المؤدي إلى السعادة - إذا افتَقدتَ السعادة - هو أن تبدوَ كما لو كنت سعيداً.

ويقول تريسي: إن من العجيب أنك إذا تظاهرت بأنك إنسان مختلف تماماً فإنك سوف تسلك سلوك ذلك الإنسان في أقلَّ من خمس دقائق! إذا تصورت نفسك مرحاً، ولو

تمثيلاً وتصنعاً، فسوف تشعر بالمرح فعلاً في أقل من خمس دقائق. وإذا كنت تقرأ موضوعاً لا تستمتع به ولا بد لك من قراءته، فاخدع نفسك وتظاهر بأنك مسرور بقراءته وبأن الموضوع يروق لك، فستجد أنك تتمتع بالكتاب. وكذلك حين تقف أمام المرآة وتتأمل بديع صنع الله في خلقك وتقول: أنا راض عن نفسي - ولو كنت تتصنع هذا - فإن هذا التصنع ينقلب إلى حقيقة. وأثر هذا التمثيل يشبه أثر مدح الناس لمظهرنا، إذ سرعان ما نبدأ بتحسين مظهرنا والشعور بذلك التحسّن استجابةً لمدح الناس، حتى ولو كانوا يجاملوننا من غير أن ندري.

وفي الحكمة المأثورة: لا تمارضوا فتمرضوا فتموتوا. فالإنسان يبدأ أولاً مُتصنّعاً مُفتَعلاً وينتهي صادقاً منفعلاً. فسبحان من أودع النفوس أسرارها![1].

٤ - البرمجة الذاتية:

وهذه طريقة قديمة استخدمها الرياضيون (في ألمانيا الشرقية)، وهي السرّ في حصولهم على عدد كبير من الميداليات الذهبية في الدورات الأولمبية، وتتلخص في أن

(١) وفي سنن ابن ماجه، (حديث رقم ٤١٩٦) عن سعد بن أبي وقاص رضي الله عنه قال: قال رسول الله ﷺ: «**ابكوا، فإن لم تبكوا فتباكوا**».

يسترخي الإنسان، ويتنفسَ بعمق وانتظام ويتصور نفسه يقوم بالعمل الذي يود حصولَه بأدق التفاصيل، ويكرر ذلك مرة بعد أخرى، وكأنه يبرمج نفسه عليه.

اجلس في مكان هادئ لا يقاطعك فيه رنين هاتف أو شخصٌ ما. تنفس بعمق وهدوء خمسين مرة وأنت تعد عدا تنازلياً، هكذا: خمسون، تسع وأربعون، ثمان وأربعون.. وعندما تصل إلى الرقم (واحد) كرّره عدة مرات، وتصور نفسك في الوضع المثالي الذي تريد تحقيقه. تخيل هذا الوضع من أوله إلى آخره بأقصى ما تستطيع من القوة والتركيز، ولا تنس أدق تفصيلاته.

وأحسنُ وقتٍ للقيام بهذا التدريب هو الصباح الباكر، وقبل النوم، فهما أفضل الأوقات لمخاطبة العقل الباطن. فالساعة الأولى من اليوم هي الدفة التي توجه سفينة سائر اليوم، فلا تضيّعْها بقراءة جريدة أو الاستماع إلى إذاعة! املأها بغذاء عقلي جيد!

لا تنس قوة الإيحاء واستخدمها بطريقة مفيدة. إن كل ما نقرؤه في الكتب أو الصحف، ونسمعه في الإذاعة، ونراه في التلفاز، له إيحاء يؤثر على تفكيرنا وسلوكنا؛ لذا فلا تكثر من

الاستماع إلى الإذاعة وأنت تقود سيارتك، بل استمع إلى الأشرطة المفيدة الموجهة التي تنتقيها بعناية لتوسع أفقك وتنمي ثقافتك.

وأهم مصدر للإيحاء هو الأشخاص الذين تعاشرهم. لقد ظهر أن الذين يحاولون تغيير عاداتهم، إذا رجعوا إلى الأشخاص الذين اعتادوا معاشرتهم من قبل، يخسرون ما كسبوه، وتذهب جهودهم أدراج الرياح. إن اختيارنا للأشخاص الذين نعاشرهم - باهتمام وتفكير - له أثر مهم في تحقيق مقاصدنا الإيجابية، أما معاشرة الضائعين فتحطم كل ما نبنيه. وإلى هذا أشار الحديث الشريف: «**الرجل على دين خليله، فلينظر أحدكم من يُخالِل**»[1]، والحديث الآخر: «**لا تصاحب إلا مؤمناً، ولا يأكل طعامك إلا تقي**»[2].

وقول الشاعر:

عن المرء لا تسأل وَسَلْ عن قرينه

فكلّ قرينٍ بالمُقارَنِ يقتدي

إنك كلما تخيلت الحالة التي تريد أن تصل إليها وتكلمت عنها أكثر أسرعت في الوصول إلى ما تريده بعون الله. وأهم

---

(١) الترمذي: كتاب الزهد: ٥ .

(٢) أبو داود: رقم ٤٨٣٢، والترمذي: رقم ٢٣٩٧ .

شيء: ضبط العقل ليبقى مفكِراً في الهدف، مركزاً عليه، متذكراً له أطولَ مدة ممكنة.

توقف عن التفكير بشكل سلبي، وإذا أخطأت فلا تبقَ متحسراً على خطئك؛ فهذا أمر طبيعي. فكّر في المستقبل **بآمال واقعية**، واملأ عقلك بالثقافة النافعة، وهكذا تُمرّن عقلك بشكل إيجابي من الصباح إلى المساء، وتتصرف تصرف الشخص الذي تريد أن تكونه. وتذكّر أنك حصيلةٌ لما في عقلك، فاحرصْ على أن لا يكون فيه إلا الخير والتفاؤل والنجاح.

تحديد الأهداف وكيفية تحقيقها

إذا كنا سنختار شيئاً واحداً فقط نعدّه أهمَّ أسباب النجاح، فلا شك عندي أنه تحديدُ أهدافٍ ذات قيمة، ومعرفة السُّبُل الموصلة إليها، وهذا ما أثبتته دراسات عديدة في هذا المجال؛ فقد تبين أن الناجحين في تحقيق ما يصبون إليه عندهم تعلّقٌ شديد بهدف معين. وقد لوحظ أنه بمجردِ تبيُّنِ الهدف واتضاحه فإنّ إمكاناتِ المرءِ تتضاعف، ويزداد نشاطه، ويتيقظ عقله، وتتحرك دوافعه، وتتولد لديه الأفكار التي تخدم غرضه.

إذا كان تحديد الأهداف بهذه الأهمية، فلماذا نجد أن ٣٪ فقط من الناس لديهم أهداف واضحة، وأن أقل من ١٪ منهم يكتبون أهدافهم؟!!

في عام ١٩٥٣م أجرت جامعة ييل دراسة حول عدد الطلاب الذين لديهم أهداف واضحة، كتبوها، ورسموا خُططاً لإنجاحها، فوُجِد أن ٣٪ فقط من طلاب السنة الأخيرة فعلوا ذلك. وبعد عشرين عاماً تم الاتصال بتلك الثلاثة في المئة للنظر في وضعهم المالي والاجتماعي، فوُجد أن دخلهم المالي يعادل دخل السبع وتسعين بالمئة الآخرين!!!

إن الأهداف الواضحة تتيح للفرد أن يتجاوز العقبات والعراقيل، وينجز في وقت قصير أضعاف ما ينجزه غيره في وقت أطول؛ ذلك أن المرء بلا هدف إنسان ضائع. فهل نتصور قائد طائرة يقلع وليس عنده مكان يريد الوصول إليه، ولا خارطة توصله إلى ذلك المكان؟ أين سينتهي به الطيران؟ ربما ينفد وقوده، وتهوي طائرته، وهو يفكر: إلى أين سيذهب، وأين المخطط الذي يوصله إلى وجهته!

يقول أحد كبار رجال الأعمال: إن **التركيز الشديد** على هدف معين هو العامل الحاسم في النجاح، سواء في أمور المال أم في سواه. ويضيف قائلاً: هناك شرطان للنجاح المتألق: أن تحدد لنفسك ما تريده **بالضبط**، وأن تعلم **الثمن** الذي يجب دفعه وتكون **مستعداً** لدفعه.

أغلب الناس يتركون حياتهم تنساق بلا هدف؛ لذلك لا يحققون نجاحاً ذا بال. والذين يعرفون قيمة تحديد الأهداف تعلموا ذلك إما من أسَرهم، وإما صادفوا مربياً فاضلاً، أو أستاذاً يدرك قيمة ذلك؛ ففتح عيونهم عليه. والمؤسف أن هذا الأمر لا يُعلَّم في المدارس أو الجامعات، فقد يمتد تعليم المرء إلى ما يزيد على (١٦) عاماً دون أن يتلقى فيها ساعة

واحدة مخصصة للحديث عن (وضع الأهداف وسبل تحقيقها).

ويمكن تدريب الصغار على (فن تحديد الأهداف) في سن مبكرة، فيضع الوالدان لهم أهدافاً سهلة من واقعهم، ويشجعانِهم على تحقيقها: كالاستيقاظ في ساعة معينة، أو حفظ بعض السور من القرآن الكريم، أو عددٍ معين من الأحاديث النبوية الشريفة، أو حفظ بعض القصائد، أو قراءة بعض الكتب، أو إتقان بعض أنواع الرياضة المفيدة: كالسباحة والجري، وما إلى ذلك.

ولعل من أسباب الإعراض عن تحديد الأهداف - بعد الجهل بأهميتها - الخوفَ من عدم احترام الآخرين لأهدافنا ونقدِهم لها، وهنا يمكننا أن نأخذ بالحكمة القائلة: «استعينوا على إنجاح حوائجكم بالكتمان»، فلا نحدّث عن أهدافنا إلا من يدرك قيمتها، ويشجعنا على المضي قدماً في سبيل تحقيقها.

ومن أسباب الإعراض عن تحديد الأهداف أيضاً: خوف الإخفاق. إن أكثر الناس لا يدركون أهمية الإخفاق في التمهيد للنجاح. إن النجاح الكبير يسبقه في الغالب إخفاق

كبير، وقد قام الباحث (نابليون هل) بمقابلة أكثر من ٥٠٠ شخص حققوا درجاتٍ عاليةً من النجاح، فوجدهم جميعاً - بلا استثناء - قد حققوا النجاح بعد مواجهة الإخفاق، ولكنهم قرروا أن يمشوا خطوة أخرى بعد الإخفاق فنالوا ما يريدون.

إن أعظم مخترع في العصر الحديث، توماس إديسون، (أخفق عشرة آلاف مرة) في تجاربه على المصباح الكهربائي قبل أن ينجح في اختراعه!! سأله أحد الصحفيين قائلاً: ياسيد إديسون، لقد أخفقت حتى الآن خمسة آلاف مرة في اختراع المصباح الكهربائي، فلماذا تصر على المضي قدماً في تجاربك؟ فأجابه: لقد أخطأت أيها الشاب، لقد نجحت في اكتشاف خمسة آلاف طريقة لا توصلني إلى ما أريد!

أغلب الناس يفضلون البقاء في (منطقة الأمان)، ومن أجل ذلك يَقْبلون وضعَهم الحالي ولا يفكرون بالتغيير. بينما أغلب الذي يحققون نجاحاً ذا بال يخرجون من هذ المنطقة ويقبلون بحدّ معقول من المجازفة. إن التغيير أمر لا مفر منه، لكن أكثر الناس يخافون منه، وفي الوقت نفسه يتمنون أن يتحقق لهم ما يريدون! والحكمة تقتضي منا أن نقبل بالتغيير ما دام أمراً لازماً، وأن نجعله تحت سيطرتنا قدر المستطاع، ولأجل ذلك يجب أن تكون عندنا أهداف واضحة.

هناك أمور ثلاثة لها أهمية خاصة فيما يتصل بموضوع الأهداف:

الأول: ما يعرف بـ (منطقة التفوق):

لكل إنسان ناحية معينة يستطيع أن يتفوق فيها، وواجبه نحو نفسه أن يكتشف هذه الناحية ويستغلها أحسن استغلال.

من المؤسف أن ترى أناساً يُمضون شطراً كبيراً من حياتهم وهم في مجال متواضع، قانعون بالدونية، لا يبذلون جهدهم للرقي والتقدم. إن الذي يسعى للتفوق في المجال الصحيح الذي يناسبه، لا يتفوق فحسب، بل إن طاقته الإنتاجية، وصحته النفسية تتحسنان أيضاً. لكنّ من ينظر في المرآة فيرى أمامه شخصاً عادياً في كل شيء، ليست له أدنى مزية، كيف يشعر بتقدير ذاته؟ إنني ما لم أعلم أن هناك مجالاً واحداً - على الأقل - أستطيع التفوق فيه فلا يمكن أن أحترم نفسي وأعطيها حقها اللازم من التقدير.

الثاني: ما يسمى بـ (حقل الألماس):

سبب هذه التسمية قصة مشهورة عن مزارع إفريقي ناجح، عمل في مزرعته إلى أن تقدم به العمر. وذات يوم سمع هذا المزارع أن بعض الناس يسافرون بحثاً عن الألماس، والذي يجده منهم يصبح غنياً جداً. فتحمس للفكرة، وباع حقله، وانطلق باحثاً عن الألماس.

ظل الرجل ثلاثة عشر عاماً يبحث حتى أدركه اليأس ولم يحقق حلمه، فألقى نفسه في البحر ليكون طعاماً للأسماك. غير أن المزارع الجديد الذي كان قد اشترى حقل صاحبنا، بينما كان يعمل في الحقل وجد شيئاً يلمع، ولما التقطه وجده قطعة صغيرة من الألماس، فتحمس، وبدأ يحفر وينقب بجد واجتهاد، فوجد ثانية وثالثة!! يا للمفاجأة لقد كان تحت حقله منجم ألماس!

إن العجوز بحث عن الألماس في كل مكان ولم يبحث في حقله، ولعله وجد ألماسة فلم يلق لها بالاً؛ لأن الألماسة لا تصبح جميلة إلا بعد القطع والتشكيل والصقل. ومغزى القصة: أن سر التفوق قد يكون أقرب إلى أحدنا من موضع قدميه، لكننا لا ننتبه إليه. ثم إن الموهبة - كقطعة الألماس - لا تخلب النظر إلا بعد القطع والصقل؛ لذا فحينما يريد المرء وضع أهداف له كي يسعى إلى تحقيقها، عليه أن ينظر فيما عنده ولا يرحل إلى آخر الدنيا بحثاً عن هدف جدير بالتحقيق.

الثالث: توازن الأهداف اللازم لتوازن الشخصية:

لكي يكون هناك توازن في الأهداف ناجمٌ عن شخصية متوازنة يحتاج المرء أن يكون له في ثلاثة مجالات مختلفة عدد يتراوح بين (٣) و(٥) أهداف. هذه المجالات هي:

أ) **الأسرة**: وتكون الأهداف فيها مادية أو معنوية؛ فمن الأهداف المادية - مثلاً - تعويد الأولاد عادات حسنة: كممارسة الرياضة، وتنظيف الأسنان، واحترام الكبير، وعدم رفع الصوت، وحب الغذاء الصحيح... ومن الأهداف المعنوية: تقوية روابط المحبة بين أفراد الأسرة، وتعليمهم الاحترام المتبادل.

ب) **العمل**: والأهداف في مجال العمل يمكن أن تكون مادية: كزيادة الدخل، أو معنوية: كزيادة المهارة، أو كسب تقدير واحترام الرؤساء والزملاء.

جـ) **النفس، أو الذات**: كممارسة الرياضة البدنية، أو تقوية الذاكرة، أو توسيع المعلومات بالقراءة، وحضور الندوات والدورات المفيدة، أو الحصول على مؤهل دراسي أعلى، أو تزكية النفس بالتحلي بالفضائل، والتخلي عن العيوب، أو تقوية الصلة بالله والعمل للمستقبل الأخروي، وهذا أعلاها وأغلاها.

ومن المهم ألا تكون الأهداف متناقضة، فلا يجوز - مثلاً - أن يكون هدفي قضاء نصف وقتي في التسلية واللعب، والتفوق في العمل في الوقت نفسه. كذلك يجب أن تكون

الأهداف في نطاق إمكاناتنا الأصلية؛ فلا نضع هدفاً خيالياً مستحيل التحقيق، نقضي العمر في الجري وراءه، ولا ندركه.

وفيما يلي عدد من الأسئلة تساعد المرءَ على تحديد أهدافه:

١ - اذكر خمسة أشياء تَعدّها أهمَّ ما تريد الحصول عليه، وتكون مستعداً للبذل من أجلها.

٢ - في ثلاثين ثانية اكتب أهم ثلاثة أهداف تريد الحصول عليها في الوقت الحاضر. وقد أعطينا فترة قصيرة جداً؛ لأن ما تكتبه دون روية وتفكير يكون هدفاً حقيقياً بعيداً عن تزيين الخيال وتجميله.

٣ - لو أُعطيتَ مبلغاً كبيراً من المال، ما أول شيء تفعله؟ وما ثاني شيء؟

٤ - لو علمت بأنك ستعيش ستة أشهر فقط ماذا تفعل؟

٥ - اذكر هدفاً تحن إليه، لكنك تخاف وتتراجع عن السعي له. إن خوفك هذا قد لا يكون له رصيد من الواقع، لكنه خوف يقترن عادة بالنجاح.

٦ - ما الأحوال والظروف التي تعطيك أعلى درجات تحقيق

الذات؛ أي: الشعورَ بالقيمة والأهمية؟ الجواب عن هذا السؤال يحدد لك مجالَ التفوق لديك، ويساعدك في توجيه حياتك نحوه.

٧ - تصور أن مَلَكاً من الملائكة أرسله الله إليك وقال لك: «تمنَّ أمنيَّةً حتى أحقِقَها لك» فبماذا تجيبه؟ إن جوابك يحدد الحلم الحقيقي في حياتك. وإذا استطعت كتابة الجواب فأنت تستطيع تحقيقه بعون الله، فما نستطيع تصوره تصوراً واضحاً ليس ممتنعاً علينا تحصيله.

بعد الاستعانة بهذه الأسئلة، اختر لنفسك **هدافاً واحداً واضحاً** تَعُدّه أهمَّ مما عداه. ولا تزدْ على هدف واحد تبدأ به؛ فكثير من الناس يخطئون عندما يريدون أن يبدؤوا بأهداف متعددة. وبعد تحديد هذا الهدف الأساسي لا بأس بتحديد أهداف أخرى ثانوية يمكن تحقيقها في الطريق إليه.

طريقة مقترحة لتحقيق الأهداف

هناك طريقة ناجحة في تحقيق الأهداف تمّ التأكد من نجاحها في مئات الحالات، طريقةٌ إذا اتبعتها تُحقّق لك في سنة واحدة ما لا يُحققه غيرها في سنوات، بفضل الله وحسن توفيقه. وتتكوّن هذه الطريقة من الخطوات التالية:

١- الرغبة:

ابدأ برغبة قوية صادقة. يجب أن يكون هدفك مرغوباً جداً عندك ونابعاً من داخلك، لا أن يكون رغبة يريدها غيرك لك.

٢ - الثقة:

ولّد في نفسك الثقة الكاملة بأنك ستحصل على هدفك إن شاء الله، دون شك أو ريب؛ لأن عقلك الواعي إذا صدّق أهدافك تصديقاً كاملاً فإن عقلك الباطن (أو لا شعورك) سيصدّق تلك الأهداف، وبالتالي يوجّه سلوكك نحو تحقيقها **ولتكن أهدافك واقعية**، فمثلاً: إذا كان وزنك (١٠٠) كغ فلا يكن هدفك الأول إنقاص (٣٠) كغ منها. ابدأ بـ (٥) كغ ثم انتقل إلى الخمسة الأخرى. ولكن لا تجعل هدفك سهلاً جداً لأنّ التحدي ضروري لإيجاد الدافع لبذل الجهد.

٣ - اكتب أهدافك:

كتابة الأهداف على ورقة أمر كبير الأهمية، فهو مثل كتابة برنامج (الكومبيوتر) يَدخل العقل الباطن. اكتب الهدف بكل تفصيلاته الممكنة؛ فإذا كنت تريد الحصول على بيت جميل، فلا تكتب: أريد بيتاً جميلاً، ولكن اكتب - مثلاً -: أريد بيتاً فيه ست غرف، في حي راق، له حديقة، وشرفة واسعة، وإطلالته جيدة، و...

لقد قال المتخصصين في «علم نفس الأهداف»: إن الهدف إذا لم يكتب هو رغبة وليس هدفاً.

٤ - حدد منفعتك من تحقيق هدفك:

اكتب كل المنافع التي ستحصل عليها إذا تحقق هدفك. فإذا ظهر أن المنافع قليلة فإن سعيك لتحقيق الهدف سيكون ضعيفاً، أما إذا كانت كثيرة مهمة، فإن الهدف يصبح ذا جاذبية لا تقاوم.

٥ - حدد أين أنت الآن وأين تريد الوصول:

فإذا كنت تريد أن تخفّض من وزنك، فتأكد من وزنك الحالي، وحدّد كم تريد أن تصبح في المرحلة التالية.

٦ - حدد موعداً لبلوغ الهدف:

فهذا يساعدك في أن يكون هدفك قابلاً للقياس. فأنت لن تحقق نجاحاً يذكر حتى تعرف عدد الخطوات التي يجب عليك اتخاذها، وكم قطعتَ منها، وكم بقي عليك.

٧ - حدد العقبات التي عليك أن تجتازها:

إذا لم يكن هناك عقبات فليس ما تبحث عنه هدفاً، بل مجرد نشاط وحركة، وستلاحظ أن العقبات التي كانت تبدو كبيرة ستبدو أصغر بعد أن تكتبها.

٨ - حدد المعلومات اللازمة للوصول إلى الهدف:

إن أغلب الأهداف - في عصرنا الحاضر - يحتاج تحقيقها إلى معرفة جديدة. قد تكون المعرفة اللازمة موجودة في الكتب، أو في السوق، أو لدى بعض الأشخاص، أو تستطيع الحصول عليها من (الإنترنت).

٩ - حدد الناس الذين تحتاج مساعدتهم لتحقيق الهدف:

ربما تستطيع الاستعانة بأحد للوصول إلى هدفك، فلماذا لا تطلب مساعدته؟ قد يكون فرداً، أو هيئة، أو جمعية، أو شركة. وفي هذا الصدد تذكر أن الحياة أخذ وعطاء، فإذا كان بإمكانك أن تقدم شيئاً لمن تطلب مساعدته فافعل. اسأل

نفسك: ماذا أستطيع أن أعطي الآخرين قبل أن يعطوني؟ إن العظماء على مدار التاريخ يعطون أكثر مما يأخذون. لكن أغلب الناس - مع الأسف - يريدون أن يحصلوا على ما ينفعهم بأقل قدر ممكن من البذل والعطاء. وقد صح عن رسول الله ﷺ أنه قال: «**من كان في حاجة أخيه كان الله في حاجته**»(١).

فكن في حاجة الناس ييسّرِ الله عليك أمورك ويكن في حاجتك.

١٠ - ارسم خطة عمل:

ضع خطة عمل مستفيداً من النقاط التي سبق ذكرها. اكتب النشاطات التي ستقوم بها، ورتب الأولويات، وحدد الوقت اللازم، ثم عدّل الخطة كلما تقدمتَ في التنفيذ أو حصلتَ على معلومات جديدة، أو ظهرت لك أخطاء، أو قامت في وجهك عقبات جديدة. إن الذين يحققون أعلى درجات النجاح لديهم دائماً خطة تحدد العمل على مدى الأيام والأسابيع والشهور.

١١ - تصور أن هدفك قد تحقق:

تخيل بوضوح أن هدفك قد تحقق فعلاً وكأنك تراه على شاشة التلفاز. كرر ذلك كثيراً، فمقدار تحقق الهدف يكون بمقدر وضوح صورته في ذهنك.

---

(١) البخاري ومسلم وغيرهما.

حُسْنُ إدارة الوقت

يقول الأستاذ الشيخ عبدالفتاح أبو غدة رحمه الله في مقدمة كتابه القيم: «قيمة الزمن عند العلماء»: مِن أَجَلّ أصول النعم وأغلاها نعمة (الزمن).. فهو عمر الحياة، وميدان وجود الإنسان، وساحة ظله وبقائه، ونفعه وانتفاعه. وقد أشار القرآن الكريم إلى عِظَم هذا الأصل من أصول النعم، وألمح إلى علو مقداره على غيره، فجاءت آيات كثيرة ترشد إلى قيمة الزمن، ورفيع قدره وكبير أثره.. قال تعالى - ممتناً على عباده بهذه النعمة الكبيرة -: ﴿اللَّهُ الَّذِي خَلَقَ السَّمَوَاتِ وَالأَرْضَ وَأَنزَلَ مِنَ السَّمَاءِ مَاءً فَأَخْرَجَ بِهِ مِنَ الثَّمَرَاتِ رِزْقًا لَّكُمْ وَسَخَّرَ لَكُمُ الْفُلْكَ لِتَجْرِيَ فِي الْبَحْرِ بِأَمْرِهِ وَسَخَّرَ لَكُمُ الأَنْهَارَ ﴿٣٢﴾ وَسَخَّرَ لَكُمُ الشَّمْسَ وَالْقَمَرَ دَائِبَيْنِ وَسَخَّرَ لَكُمُ اللَّيْلَ وَالنَّهَارَ ﴿٣٣﴾ وَآتَاكُم مِّن كُلِّ مَا سَأَلْتُمُوهُ وَإِن تَعُدُّوا نِعْمَتَ اللَّهِ لا تُحْصُوهَا إِنَّ الإِنسَانَ لَظَلُومٌ كَفَّارٌ﴾[١].

فامتنَّ سبحانه في جلائل نعمه بنعمة الليل والنهار، وهما الزمن الذي نتحدث عنه ونتحدث فيه، ويمر به هذا العالم الكبير من أول بداياته إلى نهاية نهاياته.

---

(١) إبراهيم: (٣٢ - ٣٤).

وروى الإمام البخاري في صحيحه عن أبي هريرة رضي الله عنه قال: قال رسول الله ﷺ: «**أعذر الله عزّ وجلّ إلى امرئٍ أخَّر عمره حتى بلّغه ستين سنة**» أي، أزال عذره، ولم يُبْقِ له موضعاً للاعتذار إذ أمهله طول هذه المدة المديدة من العمر.

وحسبك أن تعلم أن الله سبحانه قد أقسم بالزمن في مُختلِف أطواره في آيات جمة... منها: ﴿**وَاللَّيْلِ إِذَا يَغْشَىٰ ﴿١﴾ وَالنَّهَارِ إِذَا تَجَلَّىٰ**﴾، ﴿**وَاللَّيْلِ إِذْ أَدْبَرَ ﴿٣٣﴾ وَالصُّبْحِ إِذَا أَسْفَرَ**﴾، ﴿**وَالْفَجْرِ ﴿١﴾ وَلَيَالٍ عَشْرٍ**﴾، ﴿**وَالْعَصْرِ ﴿١﴾ إِنَّ الْإِنسَانَ لَفِي خُسْرٍ**﴾...

وقد صح عن النبي ﷺ قوله: «**نعمتان مغبون فيهما كثير من الناس: الصحة والفراغ**». رواه البخاري وغيره.

قال الإمام ابن القيم رحمه الله في كتابه «مدارج السالكين» (٣ / ٤٩) وهو يتحدث عن منزلة الغيرة وشمولها لكثير من الأمور، فذكر منها **الغيرة على الوقت**:

«الغيرة على وقت فات! وهي غيرة قاتلة، فإن الوقت وَحِيُّ التقضّي - أي: سريع الانقضاء - أبيُّ الجانب (ممتنع الرجوع) والوقت عند العابد هو وقت العبادة والأوراد، وعند

المُريد هو وقت الإقبال على الله... والعكوفِ عليه بالقلب كله. والوقت أعز شيء عليه، يغار عليه أن ينقضي دون ذلك! فإذا فاته الوقت لا يمكنه استدراكه البتة؛ لأن الوقت الثاني قد استحق واجبه الخاص، فإذا فاته وقت فلا سبيل إلى تداركه...

فالوقت منقضٍ بذاته، مُنصرِمٌ بنفسه، فمن غفل عن نفسه تصرّمت أوقاته، وعظُم فواتُه، واشتدت حسراته، فكيف حاله إذا علم عند تحقق الفَوْت مقدارَ ما أضاع! وَطَلَبَ الرُّجعى فحيل بينه وبينَ الاسترجاعِ، وكيف يُرَدُّ الأمس في اليوم الجديد؟!..».

وقال رحمه الله في كتابه: «الجواب الكافي لمن سأل عن الدواء الشافي: «أعلى الفِكَر وأجلُّها وأنفعُها ما كان لله والدارِ الآخرة، فما كان لله فهو أنواع... النوع الخامس: الفكرة في واجب الوقت ووظيفته، وجمعِ الهمّ (أى: الهمة والعزم) كلِّه عليه، فالعارفُ ابنُ وقته، فإن أضاعه ضاعت عليه مصالحه كلها. فجميع المصالح إنما تنشأ من الوقت، فمتى أضاع الوقت لم يستدركه أبداً».

وقد كان السلف الصالح، ومن سار على نهجهم من الخلف، أحرصَ الناس على كسب الوقت وملئه بالخير، سواءٌ

في ذلك عالِمُهم وعابِدُهم، فقد كانوا يسابقون الساعاتِ ويبادرون اللحظاتِ ضنّاً منهم بالوقت، وحرصاً على ألا يذهب منهم هدراً.

قال الصحابي الجليل عبدالله بن مسعود رضي الله عنه: ما ندمت على شيء مثلَ ندمي على يوم غربت شمسُه، نقص فيه أجلي، ولم يزد فيه عملي.

وقال الخليفة الصالح عمر بن عبدالعزيز رحمه الله: إن الليل والنار يعملان فيك فاعمل فيهما.

وقال الحسن البصري، أحد سادة التابعين، رحمه الله: يا ابن آدم إنما أنت أيام، فإذا ذهب يوم، ذهب بعضك. وقال: أدركتُ أقواماً كانوا على أوقاتهم أشدَّ منكم حرصاً على دراهمكم ودنانيركم.

هذه مقتطفات يسيرة من كتاب «قيمة الزمن عند العلماء»، وهو كتاب جدير بالقراءة مرات ليرسخ في النفس، وتظهر آثاره في السلوك.

إن الفرد الذي لا يحسن الاستفادة من وقته، لا يحسن الاستفادة من حياته وعمره، فكيف يمكن أن يكون في الحياة

شيئاً مذكوراً؟ وإن أول خطوة تخطوها الأمة نحو السيادة والريادة لا تتم قبل أن يتعلم أبناؤها كيف يحسنون الاستفادة من أوقاتهم.

إن كل الناجحين يعرفون كيف يتسخدمون وقتهم بشكل جيد، بينما المخفقون لا يعرفون ذلك، وهناك ستة أمور يمكن الاستفادة منها لحسن الاستفادة من الوقت هي:

١ - **وضوح الأهداف:** ينبغي أن تكون الأهداف واضحة وقابلة للقياس. إن الذين لا يعرفون ماذا يريدون بدقة، يضيعون وقتهم. وقد يفاجئك أن تعلم عدد الشركات التي لا تعرف أهدافها بدقة.

٢ - **وجود خطط مفصلة واضحة:** فكما أن بِناءَ بيتٍ لابد له من مخطط فإن حسن استخدام الوقت يحتاج إلى خطة.

٣ - **عمل قائمة في أول النهار قبل البدء بأي عمل آخر:** والأحسن أن تعمل قائمة أسبوعية وأخرى يومية. يمكنك أن تكتب قائمتك قبل أن تأوي إلى فراشك. وحاول ألا تعمل أي شيء خارج هذه القائمة؛ لأن الالتزام بها ينظم لك وقتك. وفي آخر النهار انظر ماذا أنهيت، وماذا بقي

عليك فأدرجه في قائمة اليوم التالي. إن هذا يشعرك أنك تنظم حياتك، وإن لم تفعل فستشعر بالتشتّت والخيبة؛ فالذين لا يُحددون لكل يوم مَهامّه تغلبهم التوافه على أمرهم. ابدأ بعمل هذه القائمة وستجد أن إنتاجك يزداد بنسبة ٢٥٪ على الأقل. كذلك فإن عمل القائمة يساعد بعض الناس على النوم دون أرق، إذ لا يقضون الوقت في الفراش يفكّرون في واجبات اليوم التالي.

٤ - **تحديد الأولويات:** رتّب قائمتك على أساس الأهم فالمهم. استفد من القاعدة التي تسمى: (ثمانون - عشرون)، التي وضعها أحد الخبراء في إدارة الوقت. فقد لاحظ هذا الخبير أن الأشياء التي يعملها الإنسان في يوم ما يكون (٢٠٪) منها معادِلاً في أهميته للـ(٨٠٪) الأخرى؛ لذا اسأل نفسك: ما أهم شيء أستغل به وقتي الآن؟ إذا كنت تريد عمل شيئين فلا بد أن تختار أحدهما، فلا تختر إلا أهمَّهما؛ لأنّ اختيار الأقل أهمية فيه شيء من إضاعة الوقت؛ فأنت **لن تجد دائماً الوقت الكافي للقيام بكل ما تريد، لكنك تجد دائماً الوقت للقيام بالأهم.**

٥ - **تركيز الاهتمام على شيء واحد فقط في وقت واحد (حتى يتم الانتهاء منه)**: وهذا يبعد عنك الشعور بالتشتت؛ فأكثر الناس يبدؤون عملاً، ثم يقفزون قبل إتمامه إلى عمل آخر، ثم يعودون للأول، وهكذا. فإذا بدأت بعمل فلا تتركه حتى ينتهي، فإن فعلت فقد تستطيع أن تنهي في يوم واحد ما قد يحتاج الشخص المشتَّتُ إلى أسبوعٍ حتى يُنهيَه. والتخلّق بهذه العادة يحتاج إلى ضبط النفس والمثابرة.

٦ - **ابدأ الآن، وتجنب التأجيل والتسويف**: علّم نفسك عبارة: **الآن، هذه اللحظة**. لقد دلت الأبحاث على أن ٢٪ فقط من الأمريكان ينجزون ما يجب إنجازه دون تأجيل!! إنك إن فعلت هذا تكسب احترام الجميع وثقتهم، وأهم من ذلك تكسب الثقة بنفسك.

لابد من الإخفاق والخيبة وظهور بعض العقبات، فلا تيأس واصبر وصابر وتابع وتغلب على العقبات، وفي كل مرة تسقط فيها، قف على قدميك وعد إلى العمل.

مضاعفة القدرة العقلية

(الإبداع - الإلهام)

هذا فصل لطيف، طريف، موضوعه: مضاعفة القدرة العقلية للفرد، واستخراج طاقاته الكامنة في تنمية مواهبه وابتكار الحلول الفعالة الإبداعية لما يصادفه من مشكلات.

حينما يود الإنسان أن يضاعف دخله المالي، أو يُحسّن مستقبله فأول ما يخطر بباله أن يضاعف الجهد الذي يبذله. ومع أن الجهد والعمل ركنان لازمان للتفوق والنجاح، إلا أنهما وحدهما لا يكفيان. كان الكدّ والكدح في الماضي الحل الأول، حينما كان الاعتماد على الجهد والعضلات. أما الآن فإن التقدم والنجاح في الحياة يحتاجان إلى الكثير من الابتكار والإبداع بالإضافة إلى الجدِ والاجتهاد.

إن قدرتنا على الإبداع ترتبط ارتباطاً وثيقاً بنظرتنا إلى أنفسنا، أي: ترتبط بمفهوم الذات عند الفرد وثقته بنفسه. كل طفل يولد أودع الله سبحانه وتعالى فيه قدرة عالية على الإبداع؛ فقد ظهر في إحدى الدراسات أن الأطفال الذين تتراوح أعمارهم بين سنتين وأربع سنوات تكون نسبة المبدعين

فيهم ٩٥٪، وهم الذين لديهم مقدرة ملحوظة على الارتقاء، والتجريد، والتخيل النّشِط، فإذا ما وصلوا إلى سن السابعة تدنّت نسبة المبدعين فيهم إلى ٤٪ !!! والسبب في ذلك موقف الآباء والأمهات والمربين الذين لا يعرفون كيف ينمون لدى أطفالهم طاقة الإبداع التي خلقها الله تعالى فيهم.

ينبغي لنا هنا أن نذكر **قانون الاستخدام** الذي يقول: **إن ما لا يستخدم يضيع**. لكن القدرة على الإبداع، والتجديد، والابتكار لا تضيع، إنما تكمن وتختبئ، والمطلوب منا أن نتعلم كيف نخرجها إلى الوجود. وحتى نفهم الإبداع بشكل جيد، علينا أن نفهم ما يمكن أن يسمى بما **فوق الوعي**، أو **بالقدرة الخفية الفائقة**.

تلاحِظُ أحياناً أنك حينما تواجهُ معضلة أو مشكلة تلتمع في ذهنك فكرة مفاجئة لا تعرف كيف جاءت. وقد تفكر في شخص عزيز وإذا به يتصل بك في اللحظة نفسها! هذه قدرة إنسانية من بديع صنع الله كأنها ليست من عالم الواقع الملموس، أو كأنها برق من السماء. والكتب لا تستطيع أن تساعدنا على فهم هذه القدرة، غير: أن استخدام هذه (القدرة الخفية الفائقة) يطير بنا نحو أهدافنا أسرع من أي طريقة أخرى.

ألّف ريتشارد باك كتاباً سماه «الوعي الكوني» درس فيه حياة مئاتٍ من المبدعين، فوجد عند كل واحد منهم شيئاً (فوق الوعي) يُحقق لهم الإبداع. ومن أمثلة هؤلاء الكاتب المشهور رالف إيمرسون الذي قال عن نفسه: إن كل ما كتبه لم يكن عن اختيار منه، إنما كان مجرد ناقل لما يُلقيه في عقله نَوعٌ من الروح أو الإلهام، هو ما أسميناه بما فوق الوعي، أو (القدرة الخفية الفائقة). وكان (توماس إديسون) أعظمُ مخترع في تاريخ العلم يقتنص ويصطاد هذه الالتماعات فيعمل بوحي منها. وأعجب منهم (فراداي) الفيزيائي الشهير الذي كانت تأتيه الأفكار في نومه، فيستيقظ ويكتب معادلاته بشكل صحيح من المرة الأولى.

إن الشخص منا قد تخطر في باله فكرة إبداعية فلا يهتم بها، ويهملها لأنه لا يتوقع أن يخرج منه - وهو هذا الإنسان العادي - أمرٌ عظيم ذو بال. ثم قد يجد بعد فترة أن شركة ما طبقت الفكرة وجَنَتْ منها أرباحاً طائلة. إن الفرق بيننا وبين بعض الناجحين في هذا الصدد، ليس هو نقصان الأفكار الإبداعية، إنما عدم الثقةِ بالنفس، والاهتمامِ بما يلتمع في ذهننا من أفكار.

والحقيقة: أن الإبداع ليس مرتبطاً دائماً بالذكاء والعبقرية. الإبداع: هو التجديد، والإتيان بطريقة لم تكن معروفة من قبل، وكلما استخدمنا هذه القدرة ازدادت نمواً.

ويذكر برايان تريسي اثنتي عشرة صفة لما فوق الوعي، أو (القدرة الخفية الفائقة) هي:

١ - أنها تعرف بشكل عفوي ما يُفيد وينجح، وما لا يمكن أن ينجح. إنها تستعرض المعلومات وتعطيك بديهة الفكرةَ الصحيحة.

٢ - أنها تعطيك أفكاراً تتجاوز المعلومات التي اكتسبتها من خبرتك؛ لأنها قدرةٌ تتجاوز مجال الوعي.

إن كثيراً من الابتكارات - كما أشرنا - تأتي من أفراد مغمورين، ومن شركات صغيرة. ثم تأتي الشركات الكبيرة فتأخذ الفكرة وتستغلها وتحولها إلى مصدر للربح الوفير. وفي القصة التالية دليل على أن الأفكار الأصيلة قد تأتي من مصدرٍ غيرِ متوقَّع:

حدث مرةً أن سيارة شحن ضخمةً دخلت تحت جسرٍ منخفض فعلقت به وانحشرت تحته، وواجه رجال الدفاع

المدني صعوبة بالغة وهم يحاولون إخراج السيارة. وجاء صبي صغير ليتفرج على المشهد، وسأل شرطياً هناك عن المشكلة، فلما أخبره، قال الولد ببساطة: لماذا لا يُفرّغون الهواء من الإطارات فتنخفض السيارة ويمكن إخراجها؟ وهكذا كان!

٣ - أنها تعمل ٢٤ ساعة؛ فهي تتابع الأمور التي تهمنا، حتى وإن كانت مخبوءة في (العقل الباطن)، وتسعى لإيجاد الحلول لها.

٤ - أنها تعمل حسب قوة الهدف الذي نسعى إليه، فما لم يأت الدافع من هدف مهم عندنا لن تعمل.

تصوّرْ حاسباً آلياً ضخماً، يعمل عليه أعظم المبرمجين الذين يملكون الإجابة عن أي سؤال يوجه لهم، فهل تستطيع أن تستفيد منه ما لم تعرف بالضبط ماذا تريد؟ لهذا قلنا: إن المهم - أولاً - أن تُحدد ما تريد. وهذه القدرة التي تتجاوز الوعي لا تعمل جيداً ما لم تكن أهدافُنا واضحةً محددة.

٥ - أنها تطلق طاقة تكفي لبلوغ الهدف. ألا تلاحظ - أحياناً - أنك إذا كنت متحمساً لأمر ما كيف تزداد طاقتك،

وتكتفي بالقليل من النوم، وتشعر مع ذلك بالنشاط والحيوية؟ هذا مثال على الطاقة التي تطلقها تلك (القوة الفائقة الخفية).

٦ - أنها تستجيب للتوكيدات الإيجابية الحازمة الحاسمة. فإذا طفقت تردد: أنا بخير والحمد لله، صحتي جيدة. روحي المعنوية رائعة. لقد حباني الله نعماً كثيرة تستحق الحمد والشكر، فإن هذا الكلام يذهب إلى العقل الباطن (أو اللاشعور) ويحرك (القدرة الفائقة الخفية)، لتجعلك تعمل بموجبه.

إن الذين لديهم أهداف عزيزة على قلوبهم، يتكلمون عنها دائماً بحماسٍ واهتمام حقيقي تزداد طاقتهم، أما الذين ليست لديهم أهداف واضحة فإن القَدْر القليل من الطاقة التي عندهم يتضاءل ويخبو.

٧ - أنها تتغلب تلقائياً على العقبات التي تعترضها حتى تصل إلى الهدف. وحتى لو كان الهدف بعيداً فإنها تصل إليه بعون الله، بشرط أن يكون واضحاً. إنها تحل المشكلات بالترتيب، وفي الوقت المناسب، وتملي عليك الخُطواتِ اللازمَ اتباعُها، كل خطوة في وقتها.

٨ - أنها تعمل على أحسن وجه كلما كان الجهد العقلي أقل! لا تحاول إجهادَ ذهنِك، وكَدَّ فكرِك وإجبارَ عقلِك على

الإبداع. كن هادئاً مسترخياً، ناظراً بعين الخيال إلى هدفك بوضوحٍ كاملٍ وكأنه ماثل أمام بصرك، وكن على ثقة بأن الهدف يسعى إليك كما تسعى إليه.

أقول: وقد علمنا الرسول ﷺ إذا دعونا الله أن ندعوَه ونحن موقنون بالإجابة.

٩ - يزداد نشاط هذه القدرة بزيادة ثقتنا فيها، وكثرةِ استخدامنِا لها. إنها كالعضلات تنمو مع التمرين، وتصل في نموها إلى درجة تعطينا فيها الحل المطلوب بدقائقه وتفصيلاته. وقد كتب بعض الأدباء عن حالات مروا بها تدفق عليهم فيها الشعر أو النثر دفعة واحدة، بشكل خفي. ولقد رأيت والدي الشاعر الكبير الراحل عمر بهاء الدين الأميري رحمه الله يصحو من نومه ليكتب قصيدة، وربما كتب بعضها على غطاء الوسادة إن لم يجد بجانبه وَرَقاً!!

١٠ - أنها تمدنا بالصبر الذي نحتاج إليه لاكتساب الخبرة اللازمة حتى نحقق الأهداف التي نطمح إليها.

إن العقل الباطن يتحرك نحو هدفه مثل تحرك (الطوربيد) تحت الماء نحو هدفه، ويلاحقه حتى يصيبه مهما حاول أن

يزيغ عنه يميناً أو شمالاً. والقدرة الخفية الفائقة تتحرك بنفس الكيفية وإن لم ندرك تحركها أو ننتبه إليه.

١١ - أنها تجعل سلوكنا وكلماتنا متناسبة مع أهدافنا، وتقرّبنا نحو هذه الأهداف بشرط أن تكون الأهداف دقيقة واضحة كما أسلفنا. بل إن أهدافنا إذا كانت تامة الدقة والوضوح فإننا قد نصل إلى حالة لا يمكن أن نقول أن نفعل فيها ما يعيق تحركنا نحو الهدف.

ويحدث في حالات تزايد النجاح أن يحس المرء كأن سلسلة من المصادفات تتواطأ لتحقيق نجاحه! وما ذاك - في الحقيقة - إلا فضل من الله عليه، يسوق له التوفيق ويحفه به.

١٢ - أنها تعمل على خير وجه في حالتين اثنين:

أ) حينما يكون عقلنا مهتماً بأمر ما غاية الاهتمام.

ب) حينما لا نفكر بالأمر على الإطلاق.

ينقدح الحل أحياناً في عقلنا كالشرارة ونحن نسوق سيارة، أو نقوم بعمل يدوي والعقل شارد مستغرق، أما إذا كنا في حالة التحسر والتحرق لعدم وصولنا إلى الحل الذي نريده، فإن القدرة الفائقة الخفية لا تعمل.

يقول تريسي: نستطيع استخدام هذه القدرة، قدرة (ما فوق الوعي) لبرمجة عقلنا حتى ينبهنا على سلوك معين. فبعض الناس يُصدرون الأمر لعقلهم حتى يوقظهم من النوم في ساعة معينة، وكثير منهم يصحون في الوقت المطلوب، (بفارق دقيقة واحدة) دون ساعة منبهة! بل يمضي إلى أبعد من هذا فيذكر أمراً قد يُشَكُّ في صدقه فيقول: يستطيع المرء إذا ركّز ذهنه للحصول على موقف لسيارته في مكان مزدحم أن يجد موقفاً، شريطة أن يكون على ثقة من نجاحه. ويقول: إن زوجته تجد مكاناً لسيارتها أمام (السوبر ماركت) كلما وصلت، إذ يتحرك أحد أصحاب السيارات تاركاً لها المكان في اللحظة المناسبة! ويقول: أنا أنجح في الحصول على موقف في أكثر شوارع المدينة اكتظاظاً! إن إمكانية وجود المكان متوقفة على مقدار ثقتك بأنك ستجده!

إن هذه القدرة لها (الكومبيوتر) الخاص بها، فهي تجد الجواب الصحيح في الوقت الصحيح؛ لذلك فحينما تأتيك الفكرة **البديهية**[(١)] ثق بها وطبقها حالاً؛ لأنك إن أجّلتها

---

(١) وهذا القيد مهم، إذ هناك أفكار سطحية تحتاج إلى التأمل فيها، والتشاور حولها، للتأكيد من جدواها، أو حتى من صحّتها.

فستضيع فائدتها؛ إذ قد تكون الفرصة لدقائق معدودة، إما أن تربحها أو تخسرها! وقد رأينا رجال أعمال ناجحين يحققون أعظم النتائج بالعمل حسب ما تمليه عليهم بديهتهم.

وأخيراً نذكر أهم مبادئ عمل (القدرة الخفية الفائقة): إن أي فكرة أو هدف يبقى فعالاً نشيطاً في العقل الواعي سوف تحققه (القدرة الخفية الفائقة) أو (ما فوق الوعي)، سواء أكان لصالحنا أم لغير صالحنا؛ لذا نجد الناجحين من الرجال والنساء يضبطون عقولهم دوماً، ويوضحون ما يريدون أن يحدث وما لا يريدون، كل ذلك بمشيئة الله سبحانه وإرادته؛ **ولذا فإن من المهم ألا نتكلم ولا نكتب ولا نفكر في الأشياء التي نكره حدوثها، وأن نحصر اهتمامنا بعقلنا الواعي، ثم نترك الأمر بعد ذلك لله تعالى.**

أقول: ولهذا نهى الإسلام عن التطير والتشاؤم، وحض على التفاؤل، فقد كانت العرب تتشاءم من البوم والغراب ونحوها، وترى أن ذلك مانع من الخير، فنفى الرسول عليه الصلاة والسلام ذلك وقال: (لا طِيَرَة) وعند أبي داود رحمه الله، عن عروة بن عامر القرشي قال: «ذُكرتِ الطّيرةُ عند الرسول ﷺ، فقال: **أحسنها الفأل، ولا ترد مسلماً، فإذا رأى**

أحدكم ما يكره فليقل: اللهم لا يأتي بالحسنات إلا أنت، ولا يدفع السيئات إلا أنت، ولا حول ولا قوة إلا بك»[(١)].

وروى الترمذي وغيره، عن عبدالله بن مسعود رضي الله عنه، أن النبي ﷺ قال: «**الطيرة من الشرك**». قال ابن مسعود: وما مِنا إلا، ولكنَّ الله يذهبه بالتوكل. ومعناه: وما منا إلا ويعتريه التطير، فحذف اختصاراً واعتماداً على فهم السامع.

فالتفاؤل تفكير إيجابي، وقد قيل: تفاءلوا بالخير تجدوه. والطيرة تفكير سلبي لأنها توقُّعٌ للمكروه من غير دليلٍ على حدوثه.

---

(١) جاء في «عون المعبود: شرح سنن أبي داود» ج ١٠ ص ٢٩٥ . «الفأل، مهموز، فيما يسرّ ويسوء، والطيرة لا تكون إلا فيما يسوء، وربما استُعملت فيما يسرّ، وقد أولع الناس بترك الهمزة تخفيفاً. وإنما أحبّ عليه الصلاة والسلام الفأل؛ لأن الناس إذا أمّلوا فائدة الله تعالى ورجوا عائدته عند كل سبب ضعيف أو قوي، فهم على خير، وإن غلطوا في جهة الرجاء فإن الرجاء لهم خيرٌ. وإذا قطعوا أملهم ورجاءَهم من الله كان ذلك من الشر. وأما الطيرة فإن فيها سوء ظن بالله، وتوقع البلاء. ومعنى التفاؤل: مثل أن يكون رجلٌ مريضاً فيتفاءل بما يسمع من كلام، فيسمع شخصاً يقول: يا سالم، أو يكون طالب ضالّة، أي: حاجة ضاعت منه، فيسمع آخر يقول: يا واجد، فيقع في ظنّ الأول أنه سيبرأ من مرضه، وفي ظن الثاني أنه سيجد ضالّته. ولا ترد الطيرة مسلماً عن المعنى في حاجته، بل يتوكل على الله، ويمضي في سبيله». انتهى بشيء من التصرف.

طرق تحريض (القدرة الخفية الفائقة)

نورد فيما يلي ست طرق تساعد على تحريض ما فوق الوعي أو (القدرة الخفية الفائقة)، ثلاث منها إيجابية وثلاث سلبية، إذا اتّبعها المرء بانتظام فإن قدرته الإبداعية تتضاعف بإذن الله مرتين أو ثلاثاً.

الطريقة الأولى: الخلوة أو العزلة:

اجلس صامتاً هادئاً ساكناً لمدة تتراوح بين (٣٠ إلى ٦٠) دقيقة، ولا تفعل أي شيء على الإطلاق. سوف ينتابك شعور من أجمل المشاعر التي يمكن أن تنتاب الإنسان بفعل هذا الهدوء والسكون. إن أكثر الناس في مجتمعنا لم يجرّبوا أن يخلُوا بأنفسهم ساعة كاملة، يحيط بهم الهدوء والسكون الكاملين، ربما ولا مرة واحدة في حياتهم. لكن أناساً آخرين يعرفون قيمة هذه العزلة، خاصة المبدعين في المجتمع. فغاندي مثلاً وهو واحد من أشهر السياسيين في القرن العشرين، كان يخلو بنفسه كل أسبوع من منتصف ليلة الأحد إلى منتصف ليلة الإثنين، لا يتكلم ولا يقرأ ولا يكتب، ولا يأكل.. واستطاع بتطبيق الأفكار التي كانت تأتيه في عزلته أن يحرر بلاده من الاستعمار البريطاني.

إنك حين تجلس لأول مرة مدة تتراوح بين (٣٠ إلى ٦٠) دقيقة، ستشعر برغبة شديدة في القيام والسير والقراءة والتكلم بالهاتف... قاوم هذه الرغبة ولا تسمح لأي شيء أن يقطع عليك خلوتك. عندئذ ستتلاشى لديك كل رغبة، وستشعر بهدوء يسري في جسمك، وستجد أفكاراً رائعة صافية تنثال عليك تتعلق بأشد الموضوعات أهمية عندك وإلحاحاً عليك. يقول تريسي: لقد قابلتُ عدداً لا أحصيه من الناس الذين طبقوا هذه الطريقة، وسألتهم: هل أحدثت فيكم هذا الأثر الذي وصفته؟ فأجابوا بالتأكيد المطلق.

ويقول: يأتيني أحياناً رجل أعمال يلتمس نصيحتي في مشكلة كبيرة عنده، فأقول له: اجلس مدة تتراوح بين (٣٠ إلى ٦٠) دقيقة بالشكل الذي وصفته آنفاً، وستجد الحلول. فيجيب: لا أنا مشغول جداً، وضغط العمل لا يسمح لي بذلك، إن وقتي أثمن من أن أضيِّع منه ساعة في مثل هذه المحاولة! فأقول له: أنت الآن أحوج ما تكون لهذه العزلة!

أقول: وهذا يذكرنا بأن الرسول ﷺ حبب إليه الخلاء قبل النبوة، فكان يعتزل في غار حراء الليالي ذوات العدد، ثم ينزل إلى زوجته السيدة خديجة رضي الله عنها، فيتزود

ويعود لمثلها. وكذلك سنة التهجد في جوف الليل نوع عال من الخلوة اليومية يستيقظ فيها المرء حين ينام أكثر الناس، ويناجي ربه. والاعتكاف في المسجد في العشر الأخير من رمضان هو نوع آخر من الانقطاع المؤقت عن مشاغل الحياة اليومية والتفرغ للنفس والعقل والروح.

الطريقة الثانية: الاسترخاء والتأمل:

اجلس في مكان هادئ، وتنفس بعمق وأنت تعدّ مع كل نَفَسٍ عداً تنازلياً من مئة إلى الصفر. تابع هذا لمدة (٢٠) دقيقة، ستشعر بعد ذلك بالهدوء، وبأن الفكرة التي كنت تنتظرها قد أتتك. عندئذ سجل الفكرة وقم بتنفيذها من غير تردد متوكلاً على الله، فقد قال الشاعر:

إذا كنت ذا رأيٍ فكن ذا عزيمة

فإن فسادَ الرأي أن تترددا

الطريقة الثالثة: الطبيعة:

قال أحد المفكرين: الإنسان ابن الطبيعة، فهو يأنس بمرأى الزهور وسماع تغريد الطيور، ورؤية زرقة السماء والإصغاء إلى خرير الماء، ومراقبة أمواج البحر..

أحط نفسك بجو طبيعي، واسترخِ، وأطلق لنفسك العِنان. عندئذٍ ستجد أنّ العقل يتفتح والنفس تصفو، والقدرةَ الفائقة الخفية تستيقظ. وهناك أشرطة مُسَجَّلٌ عليها أصوات الطبيعة يمكن أن تُحدث في النفس أثراً مشابهاً إذا تعذر على ساكني المدن الكبيرة الانتقال إلى الطبيعة نفسها.

هذه هي الطرق السلبية الثلاثة. أما الطرق الإيجابية فهي:

الطريقة الأولى: تحريض العقل الإفرادي:

هذه من أكثر الطرق فعالية، يستخدمها ويستفيد منها كثير من رجال الأعمال. اجلس بهدوء ومعك ورقة وقلم. اكتب في أعلى الورقة هدفاً محدداً واضحاً. مثلاً: كيف أزيد مبيعاتي ٢٠٪ خلال التسعين يوماً القادمة؟ كيف أُحسّن استخدام وقتي؟ كيف أُنقص من وزني ٣ كيلو جرامات في ثلاثين يوماً؟ كيف أزيد دخلي ٢٠٪ خلال ستة أشهر. **أجبر نفسك على كتابة ٢٠ جواباً عن هذا السؤال.** ولا بأس أن تكتب الأمر وعكسه؛ ففي زيادة الدخل مثلاً يمكن أن تكتب: أن أزيد ساعات عملي، أن لا أزيد ساعات العمل، ولكن أشتغل بكفاءة أعلى، أو أستخدم ذكائي وهكذا...

ستجد الأجوبة الأولى تأتي بسرعة ثم يزداد الأمر صعوبة، ولكن لابد من كتابة عشرين جواباً. وغالباً ما يكون الحل الذي تبحث عنه في الأجوبة الأخيرة.

عندما تنتهي من تسجيل الحلول أو الإجابات خذ واحداً منها على الأقل واشرع في تنفيذه، وستجد أنك لا تحتاج إلى هذه الطريقة كل يوم؛ لأن ما عندك من الحلول قد يحتاج إلى أسابيع للأخذ به وتحويله إلى واقع.

الطريقة الثانية: طريقة موحّدة لحل المشكلات:

وجد الدارسون لحياة العباقرة وعاداتهم الفكرية والنفسية، صفاتٍ مشتركةً فيما بينهم، أهمها اثنتان:

١ - قدرتهم على التركيز على هدف واحد في وقت واحد من غير تشتّت، بينما يُشتت من دونهم أذهانهم بالتفكير في أكثرَ من أمر واحد في الوقت نفسه.

٢ - لديهم طريقةٌ منظمة واحدة في حل المشكلات، بينما عموم الناس لديهم لكل مشكلة طارئة طريقة جديدة.

ونعرض فيما يلي إحدى الطرق المنظمة وضعتها جامعة هارفارد، وهي لبساطتها قد لا يعطيها الإنسان ما تستحق من اهتمام:

أ - يعالج المبدعون المشكلات على أساس أنّ لكل مشكلة حلاً منطقياً قابلاً للتطبيق. قد يكون الحل غير ظاهر، لكنه موجود، وواجبهم البحث عنه. بينما ينظر المخفقون إلى المشكلات على أنها نتيجة لسوء الطالع والحظ السيىء.

ب - المبدعون إيجابيون في تفكيرهم وفي تعبيرهم. فبدلاً من أن يقولوا: هناك مشكلة، يقولون: هناك قضية، أو حالة تستدعي التفكير، أو فرصة لإظهار قدراتنا. إن قولك: عندي مشكلة، يضع على عقلك عبءاً قد يعطل صفاء تفكيرك؛ فالضغط على العقل يغلق بعض أجزائه، وكلما كنا أكثر هدوءاً كان الجزء الفعال من عقلنا أكبر.

جـ - تحديد المشكلة وكتابتها بوضوح. إن أكثر من نصف المشكلات يمكن حلُّها بمجرد توضيحها. ومن المفيد في هذا الصدد، إن كانت مجموعةٌ من الناس تناقش مشكلة ما، أن تكتب المشكلة على لوحة أو سبورة بأوضح ما يمكن؛ لأن هذا يساعد الحاضرين على تركيز تفكيرهم فيها.

د - اسأل نفسك: ما الأسباب التي يمكن أن تكون قد أدت إلى هذه المشكلة، أو هذه الحالة؟ عدّدها، واكتبها في قائمة.

إن ٢٥٪ من المشكلات يمكن حلها إذا حُدّدت أسبابها بوضوح، وفي الطب يُعَدّ التشخيصُ الصحيح للحالة نصفَ العلاج في بعض الأحيان.

هـ - اكتب كل الحلول الصحيحة للمشكلة دون أن تحكم في البداية على أي منها بأنه قابل أو غير قابل للتطبيق.

و - بعد اختيار الحل اجعله موضوع حديثك وتفكيرك دائماً. **إن الناجحين يتحدثون دائماً عن الحلول ويركزون تفكيرهم عليها، بينما المخفقون يتحدثون دائماً عن المشكلات ويركزون تفكيرهم عليها.**

ز - اتخاذ القرار. تَبَنَّ الحل الذي وقع عليه اختيارُك، وكن حازماً في تنفيذه. إن قراراً عادياً واضحاً تتخذه في موقف معين خير من البقاء حائراً دون اتخاذ قرار. لقد دلت الأبحاث على أن ٨٠٪ من القرارات الجيدة هي التي تتخذ حالاً، و٢٠٪ منها يجب التريث في اتخاذها. وإذا لم تستطع اتخاذ القرار حالاً لأي سبب من الأسباب، فحدد موعداً نهائياً لذلك، قل مثلاً: لابد من البت في الموضوع قبل مغرب يوم الخميس القادم، فإن ذلك يدفع عنك القلق والتوتر الناجِمَين من الحيرة والتأرجح.

ح - قد يكون القرار من النوع الذي يحتاج تنفيذه لأكثر من شخص، عندئذ وزّع المسؤوليات بوضوح، إذ إن إيجاد الحل في مثل هذه الحالة لا يكفي، ولابد من تحديد ما يجب على كل طرف مَعنيٍّ أن يفعله.

ط - أخيراً، حدد موعداً نهائياً لحل المشكلة والبتّ فيها، وعدم الرجوع إليها.

الطريقة الثالثة: تحريض العقل الجماعي (العَصْفُ الذهنيُّ):

جاء في كتاب «دليل مهارات التفكير»[1]:

«العصف الذهني أسلوب يعتمد على نوع من التفكير الجماعي والمناقشة بين مجموعات صغيرة بهدف إثارة الأفكار وتنويعها، وبالتالي توليد عدد من الأفكار التي يمكن أن تؤدي إلى حلّ المشكلةِ مدارِ البحث».

وهذه الطريقة مستخدمة على نطاق واسع في الشركات والمؤسسات، وإليك بعض الملاحظات التي تزيد من فعالية هذه الطريقة:

---

(١) ثائر حسين، وعبدالناصر فخرو: ٧٨، والمصطلح في الإنجليزية: Brain Storming.

١ - يمكن أن يشترك في هذه الجلسة من شخصين إلى عشرين شخصاً، لكن العدد المثالي يتراوح بين ٤ إلى ٧ أشخاص.

٢ - الزمن المناسب لهذه الجلسة من ٣٠ إلى ٤٥ دقيقة.

٣ - هدف الجلسة هو توليد الأفكار لا الحكم عليها، ومناقشتُها، واختبارُ صلاحيتها، فذلك يتم في جلسة أخرى لاحقة.

٤ - يكون لهذه الجلسة مدير أو عريف يسأل المشاركين واحداً واحداً عما لديهم من أفكار، ولا يتوقف عند من لا فكرة لديه، بل ينتقل إلى من بعده وهكذا، كلما انتهى مدير الجلسة من دورة عاد فطلب من الحاضرين واحداً إثر الآخر مزيداً من الأفكار إلى أن ينتهي الوقت المخصص للجلسة. والملاحظ أن الأفكار تبدأ بالتدفق بعد حوالي خمس دقائق من بداية الجلسة، ويكون هناك كاتب لتسجيل الأفكار.

٥ - تكون الأسئلة محددة وواضحة. لا تقل مثلاً: كيف يمكن أن نزيد مبيعاتنا؟ بل قل: كيف نستطيع زيادة المبيعات من الصنف الفلاني بنسبة ٢٠٪ خلال الشهرين القادمين؟

أو كيف نستطيع تخفيض تكاليفنا الإدارية بنسبة ١٠٪ خلال الشهور الثلاثة القادمة؟

٦ - شجع روح الفكاهة، ولا تتعجل في الحكم على الأجوبة التي قد تبدو للوهلة الأولى سخيفة. لقد حدث في إحدى جلسات تحريض العقل الجماعي أنّ خمس سكرتيرات خرجن بـ ٢٧٧ جواباً خلال مدة الجلسة التي لم تزد على ٢٠ دقيقة عن سؤال واحد فقط يتعلق بزيادة الإنتاج! إن أقل الناس في نظرنا قد يقدم أكثر الأفكار أصالة وفائدة؛ لذا فإن الشركات التي تعقد مثل هذه الجلسات هي من أكثر الشركات نجاحاً في أمريكا.

وأخيراً: كيف نعلم أن فكرة ما قد جاءت من القدرة الخفية الفائقة أو ما فوق الوعي؟

هناك ثلاث علامات تدل على ذلك:

١ - أن تأتي الفكرة كاملة ١٠٠٪، فيها كل أجزاء الجواب وتفاصيل حل المشكلة، وحين نفكر فيها نجدها الحل الأمثل.

٢ - أن تكون واضحة سهلة، ونستغرب لماذا لم تخطر ببالنا من قبل.

٣ - حين تردنا الفكرة من (القدرة الخفية الفائقة)، نشعر بموجة من النشاط الدافع للعمل بموجبها، حتى إننا قد لا نستطيع النوم، بل إن بعض الناس تأتيهم الحلول حينما يدخلون في النعاس الذي يسبق النوم مباشرة.

تذكر أن الإبداع لا يمكن إحداثه قسراً، وأن كلاً منا لديه بعض جوانب التألق والتميّز، والمهم أن يستغل قدرته، وأن يثق بها. أَبْقِ مشكلتك واضحةً محددة، وحين تلتمع الفكرة البديهية اقتنصْها حالاً وضعها موضع التنفيذ.

وبعد: فقد تبدو بعض هذه الأفكار لبعضنا غير عملية، ولكن لا بأس بذلك، إذ لا يمكن أن تتفق آراء الجميع على جميع القضايا. المهم أن لا تتحول مناقشتنا لها إلى جدل عقيم! فلنطبّقْ ما نقتنعُ به، ولندعْ ما سواه، ملبِّين نصيحة الشاعر الحكيم:

إن تجدْ حُسناً فخُذْهُ واطّرحْ ما ليس حُسْنا

النجاح في العلاقات الإنسانية

يَعُدّ المؤلف هذا الفصل أهم الفصول التي قدّمها؛ فقد تبين له من خلال البحث أن ٨٥٪ من متع الحياة تأتي من خلال حسن العلاقة مع الآخرين والتفاعل معهم، وأن ١٥٪ تأتي من الربح والكسب الماديين.

وبالنسبة لي فإن هذا الفصل - على أهميته - لم يوفق الكاتب فيه! ولا ضير في هذا، فقد قدم المؤلف فوائد جمة، ووجهاتِ نظرٍ كثيرة جديرةً بالاحترام.

أقول: لقد حفلت السنة المطهرة، على صاحبها أفضل صلاة وتسليم، بأحاديث كثيرة تعلّم المرء كيف يبني علاقاتٍ إنسانيةً ناجحة في صلته مع: أبويه، وزوجته، وأولاده، وجيرانه، وإخوانه، وغيرهم من سائر الناس، خرجت كلها من الرسول المعصوم عن الخطأ ﷺ، وهي جاهزة للتطبيق والانتفاع الفوري بها.

أما الكتب التي ألفها علماء غربيون في ميدان العلاقات الإنسانية الناجحة، فلعل أشهرها كتاب: كيف تكسب

الأصدقاء وتؤثر في الناس لمؤلفه (ديل كارنيجي) الذي أشرنا إليه في المقدمة؛ فقد طبع هذا الكتاب باللغة الإنجليزية (٥٦) مرة في اثني عشر عاماً، وتُرجم إلى أكثر من (٥٦) لغة من لغات العالم. هذا قبل حوالي (٥٠) سنة من الآن! أما الآن فالله أعلم بما طبع منه، لكن النقاد الأمريكيين يصفونه بأنه أوسع الكتب الجديدة انتشاراً في التاريخ باستثناء الكتب السماوية.

ولأجل هذا رأيت أن ألخص في صفحات يسيرة هذا الكتاب بدلاً من عرض ما قدّمه تريسي، وهذا التلخيص يعطي فكرة عجلى عن الكتاب لا تغني عن قراءته.

يقع الكتاب في ستة أبواب، يندرج تحت كل باب منها عدة فصول، لا يخلو بعضها من التداخل أو التكرار، وقد جاءت الأبواب كما يلي:

١ - الأسس الفنية في معاملة الناس.

٢ - ست طرق لكي تحبب الناس إليك.

٣- اثنتا عشرة طريقة لكي تجتذب الناس إلى وجهة نظرك.

٤ - تسع طرق لكي تملك زمام الناس.

٥ - رسائل أتت بنتائج باهرة.

٦ - سبع قواعد لكي تسعد في حياتك الزوجية.

ومـزية الكتـاب أنه حـافل بالقـصـص الواقـعيـة والأمـثلة والشـواهد التي لا يناسب التلخيصَ ذكرُها، والتي تعمّق من أثر الكتاب في قارئه؛ لذا فلا غنىً عن العودة إلى الأصل. ولكن ما لا يُدرك كلُّه يدرك بعضُه، وفي بعضه خير كثير. وسأستخلص زبدة الكتاب في صفحات، ضارباً الصفح عن الفصل الخامس؛ لأنه رسائل لا يمكن تلخيصها.

ينقل المؤلف في مقدمته عن جون روكفلر قوله: «إن المقدرة على معاملة الناس (بضاعة) يمكن أن تشترى كالسكر والبُنّ! وإني على استعداد لأن أشتريها بأكثر مما يُشترى أي شيء آخر في الوجود».

ثم يقول: واستعداداً لإخراج هذا الكتاب، قرأت كل ما صادفني من الكتب التي تمس - من قريب أو بعيد - علاقة الإنسان بأخيه الإنسان، بل لقد وظّفت رجلاً مدرّباً على البحث والاطلاع فقضى عاماً ونصف عام ينقب في مختلف المكتبات، ويقرأ كل ما فاتني قراءته فيما يتعلق بعلاقات الأفراد بعضهم ببعض منذ أقدم عصور التاريخ إلى عصرنا هذا.

ولقد أُثِرَ عن العالم النفساني وليم جيمس قوله: «لو أننا قارنا بين أنفسنا كما هي، وكما يجب أن تكون لوجدنا أننا

أنصاف أحياء. ذلك بأننا لا نستخدم إلا جزءاً يسيراً من مواردنا.. أو بمعنى آخر: إن الفرد منا يعيش في نطاق ضيق محدود يصطنعه داخل حدود الطبيعة. فهو يملك قوى مختلفة الأنواع ولكنه يخفق بحكم العادة في استخدامها[١]. هذه القوة التي تخفق بحكم العادة في استخدامها هي التي وضعنا من أجلها هذا الكتاب كي يساعدك على اكتشافها وإنمائها والانتفاع بها.

(١) يقول شوقي:

وهمٌ يقيّد بعضنا بـه وقيود هذا العالم الأوهامُ

الباب الأول

الأسس الفنية في معاملة الناس

١ - لكي تجني العسل لا تحطم خلية النحل:

خلاصة هذا الفصل عدم توجيه اللوم إلى الناس؛ لأنه لا يجدي. يقول المؤلف: ينبغي أن تتذكر في معاملتك للناس أنك لا تعامل أهل منطق، بل أهلَ عواطفَ ومشاعرَ وأنفسٍ حافلةٍ بالأهواء، ملأى بالكبرياء والغرور. واللوم شرارة خطيرة في وسعها أن تضرم النار في وقود الكبرياء؛ فاللوم عقيم لأنه يضع المرء في موقف الدفاع عن نفسه، ويحفزه إلى تسويغ موقفه، والذود عن كبريائه وعزته. وفي وسعك أن تجد ألف مثل على عقم اللوم، مسطرةٍ في ألف صفحة من صفحات التاريخ.

قال أنس بن مالك رضي الله عنه: خدمت رسول الله ﷺ عشر سنين فما قال لي: أفّ، قطّ، وما قال لشيء صنعتُه: لم صنعتَه؟ ولا لشيء تركتُه: لم تركتَه؟..»[1].

---

(١) الترمذي: رقم ٢٠١٦ .

٢ - السر الأكبر في معاملة الناس:

ليس ثمة إلا طريقة واحدة تجعل بها شخصاً يُقبل على عمل ما.. تلك هي ترغيبه في هذا العمل. ويكون ذلك بإشباع رغبته في أن يكون شيئاً مذكوراً.

يقول جون ديوي: أعمق دافع للإنسان إلى العمل هو الرغبة في أن يكون شيئاً مذكوراً؛ فلنحاول - إذن - أن نعدد الصفات الطيبة في كل إنسان نلقاه، وأن نمنحه تقديرنا المخلص دون تملّق. كن كريماً في مديحك واحترامك للناس يذكروا كلماتِك سنواتٍ طِوالاً حتى بعد أن تنساها أنت.

٣ - إن الذي يفعل هذا تنحاز الدنيا جميعاً إلى صفه:

لا تتكلم للناس عما تحب، بل كلّمهم عما يحبون.

إن الرجل الذي يسعه أن يضعَ نفسه موضع الآخرين ويفهمَ عقلياتِهم، يكون قد وضع حجر الزاوية في نجاحه في التعامل معهم.

الباب الثاني
ست طرق لكي تحبب الناس فيك

١ - افعل هذا تكن موضع الترحيب أينما حللت:

أظهر اهتماماً بالناس. في وسع المرء أن يعقد من الصداقات في مدى شهرين عن طريق اهتمامه بالناس أكثر مما قد يتسنى له في مدى عامين عن طريق حمل الناس على الاهتمام به.

أجرت شركة «هواتف نيويورك» دراسة تحليلية للوقوف على الكلمة التي تستخدم في المحادثات الهاتفية أكثر من سواها، فوجدت أنها ضمير المتكلم (أنا). لقد استخدمت هذه الكلمة ٣٩٩٠ مرة في ٥٠٠ محادثة هاتفية! أي بمعدل (٨) مرات تقريباً في كل مكالمة.

وإذا كنت في شك من هذا، فأجب عن هذا السؤال: عندما تتأمل صورةَ جماعةٍ من الناس أنت من بينهم، فإلى مَنْ تنظر أولاً؟ فلماذا يُبدي الناس اهتماماً بك ما دمت أنت لا تهتم بهم؟ وكيف تحاول اجتذاب أنظار الناس إليك دون أن يتجه نظرك أولاً إليهم؟

إذا أردنا أن نكسب الأصدقاء فلنضع أنفسنا في خدمة غيرنا من الناس، ولنمدَّ لهم يداً مخلصة نافعة مجردة عن الأنانية والمصلحة الذاتية.

٢ - كيف تترك أثراً طيباً فيمن تقابله لأول مرة:

ابتسم!

إن التعبير الذي يرتسم على وجه المرء أهم بكثير من الثياب التي يرتديها، لأن تعابير الوجه تتكلم بصوت أعمق أثراً من اللسان. ولا تحسب أنني أعني بالابتسامة مجردَ علامةٍ ترتسم على الشفتين، لا روح فيها ولا إخلاص. لا، إنما أتكلم عن الابتسامة الحقيقية التي تأتي من أعماق النفس.

وفي المثل الصيني: «إن الرجل الذي لا يعرف كيف يبتسم لا ينبغي له أن يفتح مَتّجرا» وفي الحديث الشريف: «**تبسمك في وجه أخيك صدقة**»[1].

٣ - تذكر أسماء الناس:

اعلم أن اسم المرء هو أحب الأسماء إليه. لقد مكّنتْ مهارةُ تذكّر الأسماء الولدَ (جيم فارلي) من النجاح الباهر، فما إن بلغ الأربعين من عمره حتى منحته أربع جامعات

(١) رواه الترمذي.

درجاتها الفخرية وهو الذي لم ينل إلا قسطاً قليلاً من التعليم. لقد كان بوسعه أن ينادي عشرة آلاف شخص بأسمائهم!

وكان الرئيس الأمريكي (روز فلت) يذكر أسماء صغار العمال الذين يلتقي بهم.

٤ - لكي تصبح محدثاً بارعاً:

إذا أردت أن يحبك الناس كن مستمعاً طيباً، وشجع محدثك على الكلام عن نفسه. وجّه إليه أسئلة تظن أنه يُسَرُّ بالإجابة عنها.

يقول أحد الكتاب: قلَّ من البشر من يجمد أمام الثناء الذي يتضمن الإنصات باهتمام.

قال إسحق ماركسون بطل العالم في مقابلة مشاهير الناس: إن معظم الناس يخفقون في ترك أثر طيب في نفوس من يقابلونهم لأول مرة؛ لأنهم يهملون الإصغاء إليهم باهتمام. إنهم يحصرون همهم في الكلام الذي سيقولونه، ويُصِمّون آذانهم عن الاستماع. وقد قال لي بعض المشهورين ممن قابلتهم: إنهم يفضلون المستمعين الجيدين على المتكلمين الجيدين!

وقديماً قال الشاعر العربي:

مَنْ لي بإنسانٍ إذا خاصمتُه
وجهلتُ كان الحلمُ ردَّ جوابِه
وإذا صبوت إلى المُدام شربتُ من
أخلاقه وسكرتُ من آدابه
وتراه يصغي للحديث بسمعه
وبقلبه، ولعلّه أدرى به!!

يقول الدكتور نيكولاس بتلر، رئيسُ جامعة كولومبيا: الرجل الذي يتكلم عن نفسه فقط لا يفكر إلا في نفسه فقط، والذي يفكر في نفسه فقط جاهل تدعو حاله إلى الرثاء. إنه أميٌّ النفس بغض النظر عن مدى تعليمه، فلكي تصبح محدثاً بارعاً كن مستمعاً جيداً.

٥ - كيف يُسرّ بك الناس:

كان الرئيس الأمريكي (روز فلت) إذا توقع زيارة شخص مهم قضى جزءاً من وقته يقرأ شيئاً عن الموضوع الذي يعرف أن ضيفه يهتم به أكثر من سواه. فإذا أردت أن تتفتح لك قلوب الناس تكلم فيما يسرهم.

٦ - كيف يحبك الناس:

اجعل الشخص الآخر يحس بالأهمية، بالثناء المخلص عليه.

قال دزرائيلي: حدّث رجلاً عن نفسه ينصت لك ساعات.

أنت تريد أن تنال استحسان الناس لك، واعترافاً بقدرك، وتأبى أن تستمع إلى مداهنة رخيصة، وإنما تبغي تقديراً مخلصاً، فلماذا إذن لا تمنحُ الآخرين ما تحب أن يمنحوك؟

قال (إيمر سون): كل شخص ألقاه يفوقني في ناحية واحدة على الأقل، وفي هذه الناحية يمكن أن آخذ عنه وأتعلم منه، وأثني عليه فيها.

وإن أولى الناس بأن نطبق معهم هذه النصيحة أهلنا وأولادنا. فلماذا لا يثني الرجل على زوجته بما فيها ويبدي إعجابه بها، ولماذا لا تفعل هي الشيءَ نفسه؟ ولماذا لا يثني على أدنى إجادة يحققها أولاده؟

تقول الكاتبة دوروثي ديكس: إن امتداح المرأة قبل الزواج هو من قبيل الميل، أما امتداحها بعد الزواج فهو من قبيل الضروريات للمحافظة على راحة البال والهناء الأسري. إن الحياة الزوجية ليست ميداناً لإثبات الإخلاص وحسن النية بقدر ما هي مجال لإظهار الكياسة وحسن التدبير.

الباب الثالث
اثنتا عشرة طريقة لكي تجتذب الناس إلى وجهة نظرك

١ - لا تجادل:

يقول بنجامين فرانكلين: إذا جادلت وتحديت وناقضت، فربما تستطيع أن تنتصر أحياناً، ولكنه نصرٌ أجوف؛ لأنك ستخسر على كل حال حسن علاقتك بمحدثك، فماذا تفضل: انتصاراً أجوف أم علاقة طيبة؟ لأنك قلّما تفوز بالاثنين معاً. والحكيم هو الذي يفضل كسب القلوب على كسب المواقف.

٢ - لا تقل لأحد: إنه مخطئ:

لو وسعك أن تثق بأنك على صواب نصف الوقت فقط لأمكنك أن تكون من كبار الناجحين، فكيف تقول للناس: إنهم مخطئون؟

إذا قلت لشخص ما: إنه مخطئ، فهل تريده أن يُقرّك على ذلك؟ أبداً فأنت سددت إلى ذكائه وحكمته وكبريائه ضربة مباشرة. لا تبدأ حديثك بقولك لمحدثك: سأثبت لك هذا! فإنّ هذا القول يوحي بأنك أذكى منه. ولكن أثبت له ذلك بلباقة وأدب حتى لا يكاد يشعر أنك فعلت.

٣ - إذا كنت مخطئاً فسلّم بخطئك:

إن أي مغفّل يستطيع أن يدافع عن أخطائه، ومعظم المغفلين يفعلون، أما أن تسلم بأخطائك فهو سبيلك إلى الارتفاع فوق الناس العاديين، وإلى الإحساس بالرقي والسمو.

٤ - توسّل بالرفق واللين ودعِ الغضبَ والعنف:

ثمة مثل قديم يقول: إن نقطة من العسل تصيد من الذباب أكثر مما يصيد برميل من العلقم، وكذلك الحال مع البشر.

وأبلغ مِن هذا وأحكم ما ورد عن رسول الله ﷺ في أحاديث كثيرة، منها ما رواه مسلم رحمه الله في صحيحه: «**إن الرفق لا يكون في شيء إلا زانه، ولا يُنزع من شيء إلا شانه**». و«**إن الله رفيق يحبّ الرفق ويعطي على الرفق ما لا يعطي على العنف، وما لا يعطي على ما سواه**».

٥ - عندما تناقش أحداً لا تبدأ بالأشياء التي تختلف معه عليها، بل ابدأ بتأكيد الأشياء التي تتفقان عليها:

إن كلمة (لا) عقبة كؤود يصعب التغلب عليها، فمتى قال أحد: (لا) أوجب عليه كبرياؤه أن يظل مناصراً لنفسه. فهو

قد فعل أكثر من التفوه بكلمة مكونة من حرفين. إن كيانه كله: أجهزتَه الغُددية، والعصبيةَ، والعضليةَ، تتحفز لتناصره في اتجاهه إلى الرفض، أو بمعنى آخر يَحولُ الجهازُ العصبي والعضلي عندئذٍ بين الرجل وبين التقهقر، في حين أنه لو قال: (نعم) لم يكلفه ذلك أي نشاط جُسماني. ولذلك استزدْ ما استطعتَ من (نعم)، عسى أن تفلح في استبقاء كيان محدثك متجهاً إلى الهدف الأخير.

٦ - لا تقاطع:

دع الشخص الآخر يتولى دفة الحديث. قال فيلسوف فرنسي: «إذا أردت أن تخلق الأعداء فتميَّزْ على أصدقائك، أما إذا شئت أن تكسب الأصدقاء فدعهم يتميزون عليك».

٧ - دعِ الشخص الآخر يُحِسَّ أنّ الفكرة فكرته:

ألا تعتز بالآراء التي تتوصل إليها بنفسك أكثر من تلك التي يقدمها الناس إليك. فلماذا إذن تحاول فرض آرائك؟ أليس من الأحكم أن تسوق اقتراحاتٍ مجردةً، وأن تَدَعَ الطرف الآخر يتوصل إلى الرأي من تلقاء نفسه؟

٨ - حاول - مخلصاً - أن ترى الأشياء من وجهة نظر الشخص الآخر:

يقول كينيث جودي في كتابه: كيف تحول الناس إلى ذهب: «تمهل لحظة وقارن بين اهتمامك الشديد بشؤونك الخاصة، واهتمامك السطحي بشؤون من عداك من الناس، واعلم عندئذ أن أي إنسان يحس مثلما تحس».

٩ - قدِّرْ أفكار الشخص الآخر:

وأبْدِ عطفَك على رغباته. يقول الدكتور آرثر جيتس في كتابه: علم النفس التربوي: «إن الجنس البشري بأجمعه يتلهف على العطف؛ فالطفل يسارع بإظهار ما لحق به من أذى، بل إنه قد يحدث الأذى بنفسه لنفسه لكي يحصل على العطف. والكبار يبدون ما أصابهم من أذى، ويتداولون أخبار مرضهم، ويُعنَون خاصةً بسرد تفاصيل العمليات الجراحية كي يجدوا من المستمعين العطف والإشفاق».

١٠ - توسل إلى الدوافع النبيلة في الإنسان:

إن أغلب الناس فيهم جوانب كثيرة من الخير، والإنسان المشاكس العنيد يستحيل إلى مخلص منصف إذا أنت عاملته على أنه منصف مخلص.

١١ - أحسن عرض أفكارك:

فَسَوقُ الحقائق المجردة في عصر التلفاز وعلم نفس الدعاية والإعلان، لم يعد يكفي. يجب أن نسوقَها في قالبٍ يؤثّر في النفوس، وأن نُتقن فنّ العرض الذي تنفق عليه الشركات أموالاً طائلة لتربح أكثر منها.

١٢ - ضع أمام الناس فرصة التحدي والمنافسة لإثبات جدارتهم:

إذا أردت أن تكسب الناس ذوي الروح الوثابة والشجاعة الأدبية إلى وجهة نظرك فضع أمامهم فرصة التحدي والمنافسة لإثبات جدارتهم. قال صاحب عدد من المصانع الكبيرة: لا شيء يبث الحماسة في القلوب، ويحفز إلى سرعة الإنجاز مثل المنافسة الشريفة التي تَعني الرغبةَ في التفوق.

ويستفيد من هذه النصيحة - على وجه الخصوص - المعلّمون في صفوفهم، والمديرون في مدارسهم، والآباء والأمهات مع أولادهم، والرؤساء مع مرؤوسيهم...

الباب الرابع

تسع طرق لكي تملك زمام الناس دون أن تسيء إليهم

١ - قبل توجيه النقد لأحد ابدأ بالثناء على أمر جيد يتحلّى به[١].

٢ - الفت النظر إلى الأخطاء بشكل غير مباشر[٢].

٣ - تكلم عن أخطائك قبل أن تنتقد الشخص الآخر.

٤ - قدم اقتراحات مهذبة ولا تصدر أوامر صريحة، فلا أحد يحب أن يتلقى الأوامر، كأن تقول: حبذا، من فضلك...

---

(١) يقول الجاحظ في رسائله (ج١ ص٣٦):
«وأنفعُ المدائح للمادِح، وأجداها على الممدوح، وأبقاها أثراً، وأحسنُها ذكراً: أن يكون المديح صادقاً، وللظاهر من حال الممدوح موافقاً، وبه لائقاً ...».

(٢) كان الرسول عليه الصلاة والسلام في بعض الأحيان لا يخاطب المنصوح مباشرة، بل يقول: «ما بال أقوام يتنزهون عن الشيء أصنعه»؟
«ما بال أقوام يرفعون أبصارهم إلى السماء في الصلاة»؟
«ما بال أقوام يصلّون معنا لا يحسنون الطهور»؟
«ما بال رجال يسألني أحدهم ما لا يصلح لي ولا له»؟
وهكذا .....

٥ - لا تُهنِ الشخص الآخر وأنت تنصحه أو تنقده، دعه يحتفظْ بماء وجهه. وخاصة لا تنتقد الأطفال علناً أو أمام الأغراب، أو أمام زملائهم إذا كنت مدرّساً، فهذا يترك جرحاً عميقاً في كبريائهم.

٦ - امتدح أقل إجادة، بدلاً من انتقاد أصغر خطأ، فهذا يحفز الشخص الآخر على مزيد من الإجادة.

قال (لويس لويس) مدير سجن (سنج سنج): لقد وجدت أن تقديري للجهود التي يبذلها نزلاء السجن يأتي بنتائج باهرة، ويستحث خطاهم نحو الصلاح أكثر مما يفعل النقد والتفتيش عن الأخطاء.

٧ - أسبغْ على الرجل ذكراً حسناً يَقُمْ على تدعيمه، ويبذل جهدَه حتى لا يُخيّبَ ظنَّك فيه. ففي وسع أي إنسان أن ينقاد لك عن طيبِ خاطر إذا أظهرت له أنك تحترم فيه ولو ضرباً واحداً من المقدرة.

٨ - اجعل الغلطة التي تريد إصلاحها تبدو ميسورة التصحيح، واجعل العلم الذي تريد أن ينجز سهلاً هيناً. قل لطفل، أو لزوج، أو لمؤلف: إنه غبي أو أحمق عندما يفعل شيئاً ما، وإنه ليست عنده المقدرة على فِعله، تحطمْ

كل دافع قد يدفعه إلى التحسن والإجادة. بدلاً من هذا اجعل الشخص الآخر يدرك أن لك فيه ثقةً وإيماناً بمقدرته، وأن له موهبةً لم يتعهدّها كما ينبغي تجدْه يتدرب حتى يتفوق.

٩ - حبب الشخص الآخر في العمل الذي تقترحه.

الباب الخامس

رسائل أتت بنتائج باهرة:

وفي هذا الباب يذكر المؤلف عدداً من الرسائل استعملَ أصحابُها القواعد المبثوثة في هذا الكتاب، وطبقوا نصائحه، فأتت رسائلهم بنتائج باهرة، واقتطاف أجزاءٍ منها يخلّ بالمقصود، كما أن المقام يضيق عن إيراد بعضها كاملة، فليرجع إلى الأصل مريد الاستفادة والاطلاع.

الباب السادس

ست قواعد لكي تسعد في حياتك الزوجية:

١ - أيتها الزوجة، **لا تختلقي النكد**.

٢ - **دع شريك حياتك ينطلقْ على سجيته**. يقول هنري جيمس: أول ما ينبغي أن تتعلمه في فن معاملة الناس هو ألا تعترض الطرق التي يستمدون منها السعادة، إلا إذا كانت تعترض طريقك أنت.

٣ - **لا تنتقد**. قالت دوروثي ديكس المختصة في أسباب الشقاء الزوجي: إن أكثر من ٥٠٪ من مجموع الزيجات تتحطم على صخور محاكم الطلاق في مدينة «رينو» بسبب النقد العقيم الذي يكسر القلب ويذل النفس.

٤ - **أظهر الاعتماد بشريكك وباهتماماته**، وامنحه الإحساس بالأهمية. أيها الزوج، أَبدِ إعجابك بذوق زوجتك في اختيار ملابسها، وطريقة إعدادها الطعام .. إلخ. وأنتِ أيتها الزوجة أشبعي غرورَ زوجك وشاركيه اهتماماته.

٥ - **لا تهمل اللفتات البسيطة** فإن لها في الزواج شأناً كبيراً. يقول القاضي «جوزيف ساباث» الذي فصل في

نحو أربعين ألف خلاف بين الأزواج، ووفّق في نحو ألفين منها فقط، يقول: إنك لتجد **التوافه دائماً في قرارة كل شقاء زوجي**. فإغفال الزوجة - مثلاً عبارة (مع السلامة) تقولها لزوجها عند انصرافه إلى عمله في الصباح شيء تافه، ولكنه كثيراً ما أدى إلى الطلاق.

٦ - **استعن باللباقة والكياسة على معاملة زوجتك**. تقول إحدى الزوجات الناجحات: أهم ما يلي العناية باختيار الرفيق المناسب - في رأيي - هو التزام حدود اللباقة بعد الزواج. فلو اتلزمت الزوجات حدود اللباقة مع أزواجهن كما يلتزمنها مع الأغراب، لعضَّ كل زوج شفته ندماً إذا اندفعت منه كلمة لا ينبغي أن يقولها.

خاتمة

وبعد، فالحمد لله الذي يسّر لي إتمامَ هذا العمل المتواضع الذي جُلُّه اختيار واقتباس. وأسأل الله أن ينفع به قرّاءه، وأسألهم ألا ينسوني من دعوةٍ صالحة أنتفع بها في الحياة الفانية أو في الحياة الباقية. وهناك بعضُ الاقتراحات للانتفاعِ بهذا الكتيّب وبسواه، يذكرها بعض المؤلفين في كتبهم، أختار للقارئ العزيز منها:

١ - إخلاص النية لله، وطلبُ العون منه، فإن العبد ضعيف بنفسه: ﴿... وَخُلِقَ الإِنسَانُ ضَعِيفًا﴾، قويٌّ بربّه، إذ لا حول ولا قوة إلا بالله.

٢ - نَمِّ في نفسك الرغبة في الاستفادة مما جاء في هذا الكتيب، وتذكّر أن العمل بما فيه سيعينُك - بإذن الله - على تحقيق النجاح الذي تطمح إليه.

٣ - اقرأ الكتيب قراءة أولية لتتعرف عليه وتستمتع بما فيه، إن راق لك. ثم عُدْ إليه ثانية وأنت ممسك بقلمك الأحمر تضع الخطوط تحت الأفكار المهمّة، والإشاراتِ

أمامَ العباراتِ التي تعجبك، ليسهلَ عليك الرجوع إليه فيما بعد.

٤ - اقرأ بأناة وتوقف في أثناء القراءة لتفكّر فيما قرأت، وكيف يمكن أن تضعه موضع التنفيذ. فإن أنجع دواء لا يفيد ما لم يستعمله الإنسان، وأغلى نصيحة لا تثمر إذا لم تطبّق.

٥ - راجع هذا الكتيب كلما سنحت لك الفرصة لتتعمّق أفكارُه في نفسك، وتصبحَ ملكاً لك، وتدخلَ عقلك الباطن أو (لاشعورك)، ومن ثَمّ تطبِّقها في حياتك العملية.

٦ - اطرح هذه الأفكار على أفراد أسرتك، وأصدقائك وناقشها معهم، وعلى طلابك إذا كنت مدرساً.

٧ - خذ اقتراحاً واحداً، أو فكرة واحدة، لا أكثر، وحاول تطبيقها. قد تجد نفسك - في البداية - مندفعاً لتطبيق أكثر من نصيحة في وقت واحد، ولكن لا تفعل.

٨ - إذا وجدتَ صعوبة في التطبيق فلا تيأسْ؛ لأنّ هذا الشيء طبيعي. توقّع النجاحَ الأخير، ولا تقنطْ بسبب الضّعف العارض في الهِمّة، ونسيانِ بعض الأفكار.

٩ - تذكّر أنك لا تقرأ للمتعة، أو لجمع المعلومات في المقام الأول، إنما تقرأ من أجل اكتساب عاداتٍ جيّدة جديدة، وتغيير نَمَطِ حياتك، وهذا يحتاج إلى الصّبر والجهد والمثابرة.

١٠ - اخْلُ بنفسك في نهاية كل يوم، وسجّل على ورقة ما تمّ معك، وانظر إليه نظرةً تحليلية تقويمية، ضع على أساسها خطة التحرك لليوم التالي.

وفقك الله وإياي لنيل مرضاته، ولنكونَ من السعداء الناجحين في الدنيا والآخرة. وصلّى الله وسلم وبارك على سيدنا محمد وعلى آله وصحبه، والحمد لله رب العالمين.

الفهرس

الموضوع | الصفحة